LEIO, LOGO EXISTO

RELATOS DE COMO
OS LIVROS ENCANTAM
E TRANSFORMAM
NOSSAS VIDAS

Coordenação editorial:
Fabio Humberg

Edição de texto:
Maggi Krause

Design editorial:
Vivian Amaral Dual Design

Revisão:
Humberto Grenes, Cristina Bragato
e **Rodrigo Humberg**

Fotos dos autores:
Vivian Koblinksy e **arquivo pessoal**

Editora CL-A Cultural Ltda.
Tel.: (11) 3766-9015 | Whatsapp: (11) 96922-1083
editoracla@editoracla.com.br | www.editoracla.com.br
linkedin.com/company/editora-cl-a/

São Paulo, 2022

LEIO, LOGO EXISTO

RELATOS DE COMO OS LIVROS ENCANTAM E TRANSFORMAM NOSSAS VIDAS

ANA NEGREIROS / ANNA RUSSO / ARISTÓTELES NOGUEIRA / CAMILE BERTOLINI
CECÍLIA TROIANO / DAFNE CANTOIA / EDUARDO ARAUJO / ELIE POLITI
ELIZETE KREUTZ / FABIO HUMBERG / FELIPE CORTONI / GIULIA SALVATORE
JACQUELINE DE BESSA / JAIME TROIANO / JULIANA BALAN / MAGGI KRAUSE
MARINA FUESS / MICHAELA ERGAS / PATRICIA VALÉRIO / ROBSON VITURINO
SÉRGIO GUARDADO / SILVANA FALEIRO

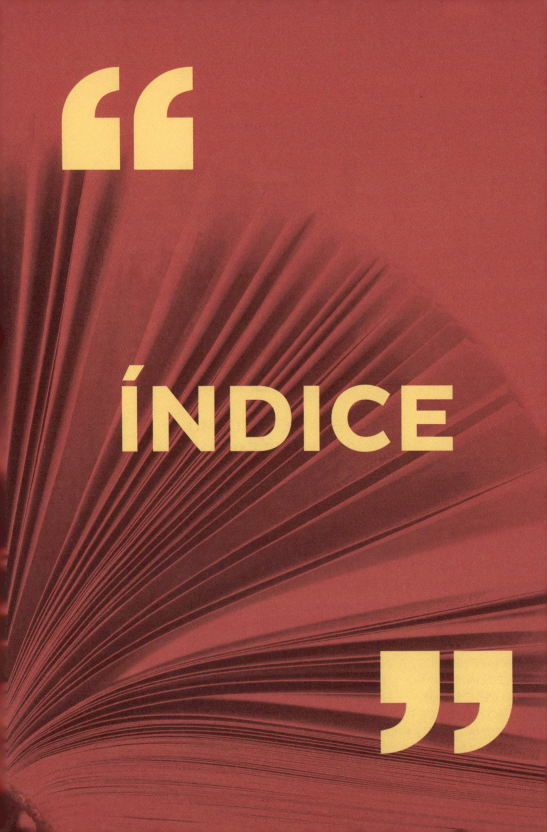

08/11 Apresentação

12/17 Prefácio

18/31 O carrossel
Ana Luisa Negreiros

32/37 Três livros, três
momentos de vida
Anna Russo

38/47 Pessoas comuns, exemplos
extraordinários
Aristóteles Nogueira Filho

48/59 Páginas que encorajam
a mudança
Camile Bertolini Di Giglio

60/71 Flicts, alma e tempo
Cecília Russo Troiano

72/81 Mundo fantástico e
as aventuras da realidade
Dafne Cantoia

82/91 O xamã, o antropólogo
e o Branding
Eduardo Araujo

92/101 A natureza lá fora e a alma humana dentro dos livros
Elie Politi

102/111 Palavras na arte da vida
Elizete de Azevedo Kreutz

112/121 O que ler significa para mim
Fabio Humberg

122/131 Relações delicadas: contribuições da arte para o trabalho
Luis Felipe Cortoni

132/143 Interpretar o presente com olhos de criança
Giulia Salvatore

144/151 Bons motivos para ler e para viver
Jacqueline de Bessa

152/169 Minhas viagens com Pedrinho
Jaime Troiano

170/175 Plantar sementes para vê-las ganhar vida
Juliana Balan

176/187 A boneca e a equilibrista
Maggi Krause

188/195 Uma viagem no tempo
Marina Fuess Nishimura

196/205 O espelho do autoconhecimento
Michaela Ergas

206/213 O estranho familiar em Clarice
Patricia Valério

214/219 A nossa voz do Oriente
Robson Viturino

220/235 Nunca nada mais foi a mesma coisa
Sérgio Guardado

236/247 O espalhador de flores
Silvana Rossetti Faleiro

248/257 Os autores

"APRE SENTA ÇÃO"

Quando pensei em organizar este livro, criei uma lista potencial de convidadas e convidados. Eram 22, de perfis muito diferentes, considerando idade, formação e ocupação, sendo 14 mulheres e 8 homens. Minha provocação para cada um deles foi a seguinte: "Você contaria – em forma de texto – quais foram os livros que mais influenciaram a sua vida e por quê?"

Minha grande surpresa: todos toparam o desafio! Poderia ter ficado muito contente e com o ego inflado por essa aceitação consensual ao meu convite. Mas não demorei a descobrir que havia uma razão mais poderosa para terem topado: a vontade de escrever sobre um tema que atravessa nossas vidas e andava adormecido, esperando a oportunidade de vir à tona. Enfim, fui apenas um catalisador desse desejo.

Como me disse uma das autoras: *"Você me tirou de uma certa hibernação, e acho que vou poder olhar para dentro, revelar o que andou acontecendo comigo nesse cruzamento entre os livros que li e a vida que levo".*

Eu já conhecia essas 22 pessoas, umas mais, outras menos. Algumas delas há alguns anos; outras, há muitas décadas. Hoje, creio que as conheço muito mais. E isso será verdade também para você, leitor, que poderá vislumbrar paixões, preferências, medos, valores e escolhas na vida desses autores, de forma declarada ou nas entrelinhas.

Além de um ato de criação, o conteúdo dos textos é fruto de uma escavação interna. Porque, em última instância, não são pessoas falando sobre literatura, mas sobre como certas preferências literárias se misturaram com suas vidas e seus sentimentos. Por isso, o livro acabou se transformando numa espécie de confessionário público. Ou como se todas e todos fossem *voyeurs* que também se revelam diante dos outros!

Os 22 textos estão dispostos sequencialmente em ordem alfabética pelo nome de autora ou autor. Inspire-se pelo nome da pessoa, pela arte das aberturas ou pelos títulos e escolha a sua sequência.

Preciso fazer alguns agradecimentos, começando pela Maggi Krause, incansável organizadora do conteúdo. Editar um livro de uma só autora ou um só autor é sempre um desafio: a negociação entre quem cria e quem edita é delicada.

Imagine quando são 22 pessoas! Virou uma verdadeira reunião de condomínio. Maggi, seu talento e cuidado foram essenciais.

A Vivian Amaral foi quem gerou a alma gráfica, a partir de uma concepção visual sedutora que evoca o espírito do livro. Obrigado, Vivian.

Agradeço muito também ao Fabio Humberg, nosso parceiro de várias jornadas, na direção da Editora CL-A. Aliás, foi dele que nasceu o inspirador título *Leio, logo existo*. É bom registrar que a Maggi e o Fabio também fazem parte do grupo dos 22.

Ao Fernando Jucá, um obrigado mais do que especial pelo lindo prefácio. Como um voraz leitor e escritor, ele entendeu perfeitamente a intenção do livro.

Um comentário inevitável. Jucá e eu somos dois apaixonados pelo filme *A grande beleza*, dirigido por Paolo Sorrentino. No filme, Gepp Gambardella é o protagonista que luta na busca de inspiração para um novo livro, enquanto convive com a vida e a noite de Roma.

Quando lhe dirigem a seguinte pergunta: *"Che cosa ti piace di più veramente nella vita?"*, esta é a resposta do Gepp: *"Ero destinato alla sensibilità. Ero destinato a diventare uno scrittore."*[1].

Creio que mesmo para aquelas e aqueles que não são escritores entre os 22 autores, uma frase como essa do filme deve ter reverberado. Quer uma evidência disso? As páginas de *Leio, logo existo* estão inundadas de sensibilidade.

Por tudo isso, o maior e mais do que natural agradecimento vai para todas e todos os que abriram seu coração ao escrever.

Jaime Troiano

---

[1] Em português, o diálogo fica assim, conforme a legendagem do filme: "Do que você realmente gosta mais nesta vida?". "Eu estava destinado à sensibilidade. Estava destinado a ser escritor."

PREFÁCIO

Um livro sobre a paixão pelos livros, escrito por diversas pessoas apaixonadas pela leitura... Em uma terça-feira à noite, meu grande amigo Jaime Troiano me telefona, descreve essa belíssima ideia e, de supetão, me convida: topa escrever o prefácio? Ser amigo do Jaime e poder participar deste projeto, que dupla honra! Convite imediatamente aceito!

Livro em mãos, logo constato a qualidade da execução de cada texto. Os autores narram suas experiências de leitura de forma envolvente, cada um comentando as obras mais significativas de sua vida. Antes da metade do livro, você também já se percebe com uma saudade gostosa daquelas obras que o acompanharam em períodos de alegria, dor e crescimento. Prazer puro.

Mas aí me sentei para escrever o tal prefácio. Nesse momento, confesso, comecei a tremer. E lembrei da história do Maurício. O Maurício era um colega de escola. Bastante namorador, seu notório sucesso com as meninas levou-o a um posto de conselheiro amoroso da turma, uma espécie de oráculo.
– Maurício, para conquistar aquela garota é melhor dar atenção ou fingir indiferença? E se ela não me der bola, o que faço?
Para cada uma das nossas ansiosas questões, o Maurício tinha uma resposta pronta, sempre proferida com toda a convicção dos seus 14 anos. Aliás, as palavras eram justamente o segredo do sucesso do nosso estimado mestre. O Maurício sabia conversar com todo mundo, contava causos engraçados, tocava violão e cantava bem, e – gigantesco diferencial na época – era craque em escrever bilhetes e cartas de amor.

Mas um dia foi o Maurício que, tremendo e aflito, nos procurou. Há meses namorava com a Raquel e disse estar sofrendo um terrível "bloqueio de escritor", justamente às vésperas do Dia dos Namorados.
– Mas, Maurício, se você mesmo diz que a Raquel é a grande paixão da sua vida, qual a dificuldade em escrever algo bonito para ela?
A resposta inesquecível:
– Vocês são uns boçais, não entendem nada mesmo. É exatamente esse o problema. E se eu assustar a garota com todo o meu amor?

Puxa, agora sinto a mesma coisa ao tentar rascunhar um prefácio para este "livro sobre os livros"! Ai, ai. Tremedeiras à parte, vamos em frente. Compromisso aceito é missão cumprida. Buscarei seguir o exemplo de outros autores deste tocante *Leio, logo existo*, pessoas que, também perplexas, se confrontaram com alguma versão da "síndrome do Maurício" e, mesmo assim, se despiram no teclado, evidenciando que coragem e vulnerabilidade são efetivamente sinônimas. Mas conto com sua empatia, caro leitor. Lembre-se de que esta é uma carta de amor, portanto inevitavelmente ridícula, como sabiamente já escreveu Fernando Pessoa.

Para começar este nosso papo sobre paixão pelos livros, arrisco uma singela tipologia (tipologias, não sei se você sabe, são um clássico recurso de consultores). Ela sugere que, em qualquer livraria desta galáxia, você encontrará pelo menos dois grupos de clientes. O primeiro incorpora um perfil, digamos, transacional. Esse tipo de cliente adentra a livraria decidido e a passos largos, como se estivesse empurrando um carrinho no supermercado, com uma lista de compras na mão:
– Por favor, vocês têm todos esses livros pedidos pela faculdade?

Em outras ocasiões, tal como um turista à caça da foto milhões de vezes clicada (e, portanto, socialmente endossada e necessária), traz apenas um nome no bolso, o título daquele *bestseller* que todo mundo está lendo. E, se não sabe o que comprar, o perfil transacional não perde o rebolado; em tom profissional indaga:
– Minha amiga adora ler contos policiais, vocês têm alguma dica para presente?

Carrinho, listas dos mais vendidos, recomendações. Tudo com rapidez e eficiência. Como você já notou, este é o vocabulário das lojas virtuais. Para o perfil transacional, as livrarias físicas poderiam deixar de existir.

Já o segundo perfil, eu classificaria como afetivo. O jogo aqui é bem diferente. Se entra correndo na livraria, é porque não vê a hora de abraçar o novo lançamento de um autor querido. Mais tipicamente, no entanto, o cliente desse perfil anda devagar. Tem um ar fascinado e silencioso de quem está em um templo ou o olhar deslumbrado de quem acabou de chegar a uma grande festa. Faz um afago em um livro, logo é fisgado por outro que pisca mais à direita; ao cheiro de livro ninguém resiste, em pouco tempo se vê com uma pilha de obras na mão, procurando um sofá para degustá-las com mais calma. Depois passa pelo caixa como quem carrega um tesouro roubado e, ao mesmo tempo, já com saudades, promete um até breve.

O perfil afetivo envolve exploração, curiosidade, gula, prazer e frustração. Meus Deus, quanta coisa boa para ler e a vida é tão curta! O perfil afetivo também se utiliza de livrarias virtuais? Sim, sem dúvida. Mas para esse perfil a livraria física é uma fonte emocional imprescindível, um lugar em que seu amor pelos livros é celebrado e renovado. Aliás, o mesmo papel é exercido pelas bibliotecas, oficiais ou caseiras, grandes ou pequenas. Diria mais, como demonstram alguns dos autores deste *Leio, logo existo*, muitas pessoas do perfil afetivo eternamente carregam dentro de si a lembrança carinhosa de alguma biblioteca...

No meu caso, essa biblioteca mítica é a da casa em que passei a minha infância. Era a maior biblioteca do mundo e continha exatos 1.001 livros, garantia meu pai com uma piscadela. Lembro que o ar naquela sala era mais elétrico, um ambiente excitante, de possibilidades e descobertas. Havia as obras completas do Malba Tahan, claro. Também as aventuras de Sherlock Holmes e Arsène Lupin. Livros sobre o Cosmos, do Carl Sagan. E Isaac Asimov e Arthur Clarke dizendo que tudo estava ao nosso alcance. Enciclopédias e uma bíblia ilustrada que eu folheava com assombro. Exemplares de Asterix e Tintim. Biografias. Tudo misturado com outros livros sobre química, xadrez, psicologia, biologia, teatro, literatura antiga e moderna... em resumo, era uma biblioteca sem preconceitos. E não havia uma arrumação lógica, os livros mudavam de lugar acompanhando o capricho da nossa curiosidade.

Uma criança aprendeu ali que os livros não respeitam convenções de tempo e espaço, fazem o tempo parar e instantaneamente levam para qualquer destino. Suprema mágica, lá entendi que os livros também viajam para dentro de você. Explico com uma cutucada do meu terapeuta, que aconteceu há cerca de um ano: – Jucá, quem é mais real, o palhaço com quem você conversou no sonho de ontem à noite ou o que animou a festinha de aniversário da sua filha? Ou o que acontece dentro de você por acaso não é real?

A mesma provocação vale para as pessoas que encontramos em nossas leituras. Riobaldo, Tistu, Garcin, Emma Zunz, Bilbo Bolseiro, Holden Caulfield, Santiago: esses são apenas alguns dos personagens citados neste livro, que você vai conhecer ou relembrar. Gente de verdade, tenho certeza, porque vivem dentro de mim. Sem eles não existiria o Fernando Jucá que todo dia hesita, tateia, erra, caminha, sonha.

Leio, logo existo!

Meu Deus, essa não é uma relação morna. Pelo contrário, uma ótima metáfora é a do fogo... Porque livros são calor, conforto aconchegante para momentos difíceis. Às vezes, são fogos de artifício, que encantam e dão brilho a processos criativos. Ou um braseiro cheio de perguntas inspiradoras para alimentar nosso desenvolvimento. Livros também podem ser incêndios, queimam por dentro, ajudam a provocar transformações pessoais ou revoluções sociais. Ou são o fogo da metalurgia, que forja vocações e modela a atuação profissional. Finalmente, alguns são tochas, carregam uma luz às vezes desconfortável, que abre uma frestinha de autoconhecimento, nos ajudando a penetrar um pouco nas cavernas sombrias dos nossos medos e culpas. E os bons livros fazem tudo isso sem trazer respostas prontas, mas poderosamente aquecendo nossa capacidade de reflexão.

– Ah, Fernando, você trabalha com consultoria em aprendizagem corporativa; quem milita nessa área tem obviamente uma adoração por livros... Ué, e quem de nós não trabalha com aprendizagem de alguma forma? Pois é, entre os céticos desiludidos e os fundamentalistas dogmáticos da atualidade está o livro: um espaço de possibilidades, mas também de aceitação de nossos limites; uma escola para mais empaticamente aprendermos a escutar a pluralidade de vozes, perspectivas e sentidos que dão forma ao mundo.

Parece que alguém calculou que mais de 130 milhões de livros já foram escritos. Mas acredito que o número seja infinitamente maior, porque cada livro é "reescrito criativamente" por nossa leitura particular. Esse é um extraordinário paradoxo: cada livro é único para você, mas simultaneamente é uma fogueira simbólica, ao redor da qual se reúnem pessoas de diferentes épocas e lugares, compartilhando as histórias que constroem a nossa humanidade comum.

Bom, a esta altura, quem sabe você já está se indagando se pertence ao grupo dos transacionais ou dos afetivos. A pergunta é absolutamente legítima. Mas vou contar um segredo. Creio que os perfis não descrevem dois grupos de pessoas distintas. Ilustram, isto sim, dois modos de pensar, que alternadamente todos podemos exibir. Em outras palavras, aposto os meus botões que toda pessoa que algum dia aprendeu a ler carrega dentro de si, mesmo que bem lá no fundo, o perfil afetivo.

Como os autores deste *Leio, logo existo* comprovam com elegância, todos temos na memória alguns livros especialmente significativos, que quase por milagre souberam a hora certa de aparecer na nossa frente. Esses livros queridos, mais do que fazer parte da nossa história, ajudaram a dar sentido à nossa vida, talharam nossa visão de mundo, nos ergueram em alguma etapa da nossa biografia. Cada texto é um maravilhoso convite para resgatarmos esse afeto. E para mergulharmos de novo no deleite quente da leitura. Uma satisfação às vezes esquecida, esmagada pelas obrigações diárias, ou infelizmente relegada a um segundo plano pela sedução das mídias sociais. Escrevo estas linhas e já cresce forte a vontade de ler.

Leio, logo existo: comece logo essa viagem; não quero atrasar você além da conta. Aliás, para concluir também no terreno das tipologias, creio que alguém já disse que só há dois tipos de prefácio: os curtos ou os ruins. Então, encerro por aqui esta carta de amor.

Boa leitura!

Fernando Jucá
Consultor em educação corporativa

O carrossel

Por Ana Luisa Negreiros

Eu morri em um dia ensolarado de primavera, quando a brisa é doce e a relva, repleta de pequenas flores brancas selvagens que insistem em nascer sem ninguém ter semeado. É bonito de ver esse tipo de grama teimosa que não nasceu para ser bonita, mas que chama um bocado de atenção se a gente se detém para observá-la.

O ato de morrer é algo que se faz em poucos segundos. Na verdade, o tempo, esse 'quando' no lugar do espaço, fica relativo. Quanto tempo eu demorei para morrer, na verdade? Eu tardei anos, quase quatro décadas para morrer.

Horas antes de perceber que tinha morrido, lá estava eu com meu marido, ambos sentados grudadinhos em um pequeno banco de praça, completamente abstraídos, comendo um suculento hambúrguer com queijo derretido. O suco da carne dançava por entre os nossos dedos, sem que a gente se importasse muito. A gente concluiu a mesma coisa, que o hambúrguer perfeito tem essa característica de permanecer inteiro em todas as mordidas, mesmo que vá perdendo tamanho. Estávamos cada um com seu hambúrguer perfeito em mãos. A perfeição em forma de hambúrguer deixa esses rastros de sabor que nos fazem esquecer a etiqueta e lamber os dedos quando tudo termina. É o prazer da abastança.

Será que todos os mortos, quando chegam do lado de lá, esquecem a etiqueta e lambem os dedos? Meu medo era chegar com uma dor infinita de estômago vazio. Como se a gente tivesse vivido sem ter saciado fome alguma.

Antes de morrer daquele jeito eu tinha uma ideia mais estreita sobre a imortalidade. Sou das que reconhecem a existência da vida após a vida, mas nunca tinha me atentado ao fato de que, na construção de uma existência, nascem dois ecos. Ambos metafísicos. Sobre um deles, tenho total controle e responsabilidade. A consciência é a única bagagem que levo, carregada pela reflexão sobre todos os meus atos. O segundo eco, este está fora de minhas mãos. Uma vez que ele mora na consciência dos outros, sendo uma construção, segundo Milan Kundera, fora de nós mesmos. Muita gente quer acreditar na imortalidade do espírito, como eu. Milan me despertou a consciência, não da imortalidade que vai, mas da que fica[1].

---

[1] KUNDERA, Milan. *A Imortalidade.*

Passei boa parte da vida me preocupando apenas com o primeiro eco, o qual ainda habita fortemente minha consciência. A constatação do segundo, essa veio com o passar das páginas, das lições. A verdade é que a gente não precisa morrer para que esse segundo eco ganhe vida. Basta a gente ir embora.

Por exemplo, quem sou eu para aquela filha do vizinho que me torturava de tal forma que minha única resposta era puxar seus cabelos? Enquanto ela se fazia de santa diante dos adultos e de outras crianças, eu dava minha cara a tapa. Nunca gostei de fingir nada. A falsidade e a petulância da vizinha me irritavam a tal ponto, que uma tarde assustei minha mãe ao chegar em casa – tremendo – com um chumaço de cabelos nas mãos. Naquela tarde, no parquinho do prédio, a menina resolveu se rebelar contra minha vitória no esconde-esconde e fingiu estar em prantos, dizendo para as outras crianças que tinha batido nela. Até o porteiro se sensibilizou com a atuação. Resolvi o impasse com uma decisão mais do que acertada: bati nela de verdade. Dei-lhe uma na fuça e puxei seus cabelos até o rosto dela tocar o chão. Bem feito. Esse era o tipo de coisa que me deixava maluca. Só que, para o meu desespero, esse era o tipo de gente que geralmente desfilava com uma grande turma de seguidores. Eram sempre convidados para todas as festinhas. Eu, quando convidada, sofria com os insultos gratuitos. Ela me chamava de "*girafa*", enquanto eu a chamava de "*mentira*", porque era baixinha, de pernas curtas. Meu pai tinha dado essa ideia, com o intuito de ensinar a revidar sem apelar para os cabelos alheios.

Depois das brigas, meu pai, que era homem jocoso, mas muito bondoso, costumava me lembrar das lições do perdão e da caridade para com o próximo. Dizia "Lembre-se, Jesus dizia: dai a outra face". As lições da redenção na minha casa vinham de tudo quanto é lado, embasadas em anos e anos de estudos. Há frases de livros que exalam sabedoria e maturidade, só que, na prática, elas escondem desafios para um Hércules. *"Tudo o que o homem semear, isso também ceifará"*[2], *"Assim também a fé, se não tiver obras, está morta em si mesma."*[3] – e a mais dura e difícil de todas: *"Reconcilia-te sem demora com o teu adversário..."*[4]. Mesmo com essa chuva de ensinamentos de planos superiores, eu retrucava: *"Jesus não é vizinho da Carla!"*[5]

---

[2] XAVIER, Chico, *Palavras de Vida Eterna*.

[3] Idem

[4] Idem

[5] Mudei o nome dela. Mentira, não mudei não.

Posso apostar que Jesus me olhava lá de cima revirando os olhos toda vez que eu ia ao parquinho. Eu sempre chegava em casa com raiva por ter perdido batalhas, e ficava me remoendo por horas pensando no que deveria ter dito, *na hora* que precisava ter dito. Eu nunca tinha munição na ponta da língua. Uma vez, um amiguinho disse para minha mãe que eu apenas me defendia dos outros, e que no fundo eu era uma pessoa muito boa. Isso fez seus olhos encherem de lágrimas. De certa forma, constatar que alguma pessoa era capaz de ver através da filha do vizinho me trazia alguma leveza. Mas pode alguém ser essencialmente bom, mesmo se volta e meia distribui socos no parquinho?

De nada adiantavam os muitos insultos tardios soprados pelos pais, porque o que a turma gostava mesmo era da resposta pronta, da zombaria óbvia, para que nenhum interlocutor precisasse pensar muito. Só que a ideia do perdão ficava comigo, e eu logo fazia as pazes com a filha da... do vizinho. Era isso ou brincar sozinha. Ostracismo ou raiva. Ambos são pesos difíceis de carregar quando se é criança. Milan[6] novamente estava certo: há sempre um peso, tornando a leveza insustentável, mesmo quando se é criança.

Nem mesmo a Carla tinha vida leve, pois era filha de mãe de aparência e cabelos desleixados, e de um pai que ninguém sabia muito bem o que fazia. Eles moravam no apartamento da cobertura. Não contente com o espaço adicional que a planta em si trazia, seu pai mandou construir um sobrado em cima do terraço, que poderia ser visto da avenida. Pintou-o na cor *rosé*, sendo que o prédio era todo branco. E nunca pagou uma conta de condomínio. Se a audácia e a indiferença dos pais traziam revolta aos condôminos, o sentimento para com os filhos era de compaixão. E assim, quase toda atividade moralmente questionável dos filhos era facilmente relativizada por todos, afinal, que culpa se pode atribuir à inocência dos que vivem às cegas, sem saber distinguir o bem do mal?

Nascia então um grande privilégio de poder fazer diversas coisas erradas, com a certeza da absolvição por pena. Não há penitência para um mentiroso vítima dos maus exemplos que gravitam em seu universo. A filha do vizinho mentia como meio de aceitação, como sobrevivência. Sem a sombra dos pais, seria obrigada a tomar responsabilidade sobre seus atos. Mas, a cada mentira, a

---

[6] KUNDERA, Milan. *A Insustentável Leveza do Ser.*

confiança de Carla em sua absolvição ganhava força. E assim, alimentada pela aceitação imediata e compaixão exacerbada, a menina ganhava seguidores como uma coitada incompreendida, que fazia o que fazia para esquecer da vida triste que deveria ter em casa. E eu não aceitava isso. Queria para ela o castigo. Que Carla arrancasse os próprios olhos, assim como Édipo, porque o ato de *supostamente* não saber a condenava na mesma medida.

Enquanto a inocência transgressora dela era celebrada por seguidores ávidos em absolvê-la, eu comemorava meus aniversários com três ou quatro gatos pingados. Sentindo a grande injustiça em uma pequena comunidade, era difícil entender o valor de ser eu mesma. Esta era uma lição ainda distante e impalpável. O fato é que, quando finalmente nos mudamos do prédio, eu nunca mais cruzei com a Carla. Nós nos mudamos para um lugar maior e mais bonito, e, pelo que sei, ela ficou bons anos ainda no apartamento inadimplente. No entanto, há algo valioso que Carla me ensinou por meio da dor: nunca levar desaforo para casa.

Aprendi a me defender com palavras ácidas, mesmo continuando a ser, na essência, uma bailarina. Bastava calçar a sapatilha e amarrar um coque no alto da cabeça que a puxadora de cabelos virava um cisne. Tchaikovsky era minha terapia, e eu nem me importava com os joanetes. Achava o máximo ter dedos tortos e sonhava com o Bolshoi. Eu era magrinha, esbelta, do jeito que a Rússia gosta. Mas a genética me venceu, e eu cresci além da conta. Além do que meus pais estavam esperando... ninguém estava preparado. Enquanto ouvia meu pai no piano tocar *Misty* e *Por Una Cabeza*, pisquei e virei adolescente. Fechei a porta do quarto, deixando o som das teclas do piano abafadas, para preencher as paredes com pôsteres de músicos bonitos. Se meu 1,80 m de altura me fez abandonar o *ballet*, era sinal de que o cisne deveria alçar outros voos.

Nem todos os artistas do momento eram do meu agrado, mas alguma domesticação dos meus verdadeiros gostos foi necessária, porque os meninos da vida real gostavam de praticamente todos. Escutava Kurt Cobain sempre com uma aversão secreta, porque claramente era alguém bastante doente, além de não ter o hábito de lavar os cabelos. Eu não entendia essa adoração que o rock gerou em gente que gostava de mostrar que tinha pouca higiene. Detestava, e ainda detesto, entrar em lugar que fede a cerveja velha e urina. Uma porcaria. Qual era o problema dessas pessoas com o desinfetante? Quando disse que gostava de A-Ha, fui motivo de chacota. Sem qualquer outro remédio, passei diversos fins de semana sendo obrigada a escutar um bando de meninos com três fios de bigode e camisetas de flanela tocando instrumentos mal e porcamente, quando íamos para a nossa casa de praia. A casa ficava em um condomínio de seis ruas, todas terminadas em circunferência, e a maior diversão de todos os adolescentes era tocar música e andar de mobilete sem sair do condomínio, entrando e saindo das mesmas ruas, infinitamente. Pedi ao meu pai para me comprar uma mobilete, porque queria ser legal, ser parte da patota, sem ter que esconder quem eu era. Meu pai, que detinha os meios, mas não a loucura, disse que preferiria que eu permanecesse com a cabeça intacta, sem quebrá-la. Ninguém lá nunca morreu de acidente, mesmo assim meu pai tinha medo de tudo, e tudo poderia resultar em morte.

Meu pai, ainda que extremamente protetor, não entendia a dificuldade que eu tinha em fazer parte de alguma coisa, porque sabia que nossa família era mais certinha do que a média. Naquela época, eu não sabia da sorte que tinha em pertencer a ela; esse é o tipo de fortuna que a gente só reconhece quando ela nos deixa.

Os adolescentes, quando se afastam dos pais com sede de liberdade para errar por conta própria, nunca têm ciência de que esse período de distanciamento não volta mais. Abstraída desta verdade que só me encontraria no futuro, eu estava mais preocupada em torturar meus ouvidos com o mais fino dos sacrilégios musicais, para garantir meu primeiro beijo ou, com sorte, algum amasso. Todos os meninos do condomínio com quem eu tinha alguma chance (eu disse que era cisne, mas era um patinho esquisito, na verdade) tinham o sonho de ser *rockstar*. Pensando bem, quando sua vida se resume a ir para a escola, jogar futebol e andar de mobilete sem chegar a lugar algum, é sempre mais interessante se no meio da conversa você solta que está formando uma banda.

Fumei meu primeiro Marlboro *light* usando jeans rasgado e uma espécie de coleira de couro no pescoço. A gente não tinha idade para entrar na discoteca, então o plano era ir para a frente da casa noturna, com maços de cigarro no bolso e algumas latas de bebida, para ficar posando de rebelde. Nunca gostei de cerveja, bebida de fácil acesso em qualquer posto de gasolina junto com cachaça de altíssima qualidade, perfeita para encher o tanque do carro.

Sempre tive medo de perder o controle, por isso nunca me humilhei às custas de álcool. Também nunca fui lendária, porque nenhuma boa história de adolescente começa com quem não faz nada de errado. Meu pai, que abominava cigarro e tinha medo de dar maus exemplos, contava histórias engraçadas com causos leves de quando era jovem, sem abrir muito o jogo sobre as atividades mais censuráveis. Eram sempre os amigos que aprontavam mais, com meu pai só os observando. Nisso eu acredito, porque meu pai tinha mesmo esse olhar de observador, daqueles que você tinha curiosidade para saber o que ele estava concluindo com o que via. Minha mãe, com olhares mais didáticos, gostava de contar quando fugia de casa para subir nas árvores da fazenda para comer mangas. Puxa, que grande par de rebeldes. Então, as histórias lendárias, quaisquer que fossem, dificilmente seriam atribuídas a mim, caso o pulso heroico dependesse da genética. Só me restava o cigarro, essa tentativa de fazer algo errado, com a esperança de me tornar alguém menos esquisita e mais interessante. Mas eu não era, nem de longe, uma fumante de verdade.

O fumante-cagão, meu caso, nunca tinha maço na bolsa pelo medo de ser pego pelos pais. Eu su-a-va cada vez que levava um cigarro para casa dentro da bolsa. Comprava no posto, para estar munida nos encontros sociais, ou na hora da pausa entre as aulas da escola. Depois jogava fora, não importa quantos cigarros ainda estivessem dentro. Eu tinha cigarro, só que nunca um isqueiro, porque parte da minha conversa, cujo objetivo era ser charmosa, começava com *você tem fogo?*. Quando a gente se esforça para ser alguém que não é, acha que o cigarro é uma moeda que torna a gente mais valiosa a cada baforada. Acontece que nada de novo saía da minha boca quando eu expelia a fumaça. Nada era criado, não havia outro eu. O que a fumaça espalhava era tudo meu. Logo, era puro efeito placebo; sem perceber, eu já detinha poderes com ou sem o trago. Todo fumante é um pouco cego sobre suas capacidades, ou prefere viver nesse universo do esquecimento.

Quando fiz dezoito anos, vendemos a casa na praia, e senti o desatar de nós em meus pulsos. Eu poderia ouvir A-Ha novamente. Mas a frustração sobre meus gostos era clara quando vinda de meu pai, e isso nos tornava cada vez mais distantes. Sim, porque eu queria sair, ver o mundo, me arriscar. Posso descrever meu pai como um homem que não costumava largar o trapézio sem que o outro já estivesse em mãos.

Não sei que lembranças deixo para esses meninos e meninas da adolescência, os quais nunca mais vi. Estes, para quem omiti muito do meu verdadeiro eu, mas de quem herdei experiências inéditas. Um destes meninos guarda para sempre o posto de primeiro beijo, o de primeiro namorado, e junto deles e de outros meninos e meninas, guardo para sempre a lembrança da sensação de infinitas descobertas. Boas ou más, como a fumaça fedorenta dos meus diversos maços de esquecimento.

Às vezes, quando escuto *Take on Me*, me pego a dançar feito menina. Em meio a meus passos soltos, me vejo recriando memórias mais felizes, como as que Betina recriou em suas cartas reescritas entre ela e Goethe. Segundo Milan[7], ela reinventou e reescreveu tudo. Para ser sincera, não a julgo. Eu sei de onde vieram seus desejos. Nessas novas memórias, que nunca serão reescritas, imagino alguém mais forte, que luta com sabedoria e autoridade contra a imposição das diretrizes do pertencimento. Alguém que fosse capaz de administrar a vontade de arriscar a vida sozinha, embora com maturidade para ouvir os conselhos e histórias de seus pais. E talvez, com sorte, a autoconfiança na medida certa para ser eu mesma. Como se eu pudesse reescrever um capítulo da vida em que estou vivendo em dois mundos. Há em mim, certamente, uma bailarina sufocada pela hipocrisia de *Come as You Are,* mas que aprendeu a dar novos passos junto de *1979.*

Caminhei até os vinte e poucos anos, entrando numa faculdade que, para variar, desafiava os desejos de meu pai. Optei pelo Marketing e Comunicação, sendo que nós tínhamos em comum o apreço por desenhar casas. Só que eu chorava cada vez que ele tentava me ensinar algo de exatas. Ele, engenheiro. Eu, ao invés do que ele sugeriu, queria ser publicitária. Acontece que eu tive uma professora de Física que disse que eu nunca seria arquiteta. Diante disso, acabei dando a outra face.

Me senti um pouco à deriva, em meio a um lapso de coragem por não ter enfrentado a Arquitetura das exatas. Hoje olho para trás e entendo que a escolha foi feita com base em tantas inexatidões vividas naquele momento da vida. Vejo tudo isso com autocompaixão, porque não é, de novo, uma fase leve.

---

[7] KUNDERA, Milan. *A Imortalidade.*

Milan[8] que o diga. Escolhi uma outra carreira, porque me pareceu um caminho mais fácil, escolha pragmática, diante de todos os outros labirintos internos. Para minha sorte, eu também me encontrei ali.

Não cabe aqui arrependimento algum, porque isso só alimentaria neurose inútil. Como é que eu vou saber se o outro caminho que não escolhi seria menos doloroso? Concluo que nenhum seria desprovido de dores. Todo crescer é agridoce. Meu pai, quando viu que nunca me convenceria a ser corajosa na escolha da carreira, acabou acatando a decisão. E, ao pagar as primeiras mensalidades da faculdade que escolhi no balcão da secretaria, me olhou ao entregar os cheques e disse: *"Esse é o melhor investimento que eu fiz na vida, filha."*

Naquela hora eu não sabia se o que me faltava era coragem, ou se o que me sobrava era teimosia para não seguir as recomendações de meu pai. Mas eu sabia que deveria fazer valer cada centavo, cada segundo de investida depositado em mim. A teoria é linda. Na prática, a gente continuou brigando pelos anos seguintes, com minha mãe assumindo papel de conciliadora. Para piorar, na faculdade, a bailarina clássica deu à luz a bailarina das pistas. Dos eventos, das festas, das saídas de madrugada, das *raves*. Nessa época de travessuras em que eu realmente desafiei a paciência de meus pais, nasceram coisas bonitas, como autoestima e criatividade. Nasceu também um apelido que levaria para boa parte da vida: Nalu, de Ana Luisa.

Mas perdi muita coisa. Perdi algo que você já deve imaginar, em um evento nada estelar. Uma vez me descreveram um orgasmo como viajar aos anéis de Saturno. Posso dizer que os primeiros anos de atividade não foram capazes de me levar nem até a Penha, que dirá algum outro planeta.

Perdi também amigos em acidentes de carro, o que fez com que eu apenas pudesse tirar minha carteira de motorista alguns anos depois de todo mundo. Experimentei drogas pela primeira vez. Só que ao ver alguém cheirando cocaína do meu lado fiquei tão chocada que nunca cheguei perto daquilo.

Posso dizer que foi o cigarro quem assumiu papel suficiente como meu companheiro tóxico e transgressor, *Graças a Deus!* Nesse torpor da liberdade conquis-

---

[8] KUNDERA, Milan. *A Insustentável Leveza do Ser.*

tada, perdi a noção de muita coisa. Perdi aulas, perdi aprendizados. Perdi os conselhos dos mais experientes. Perdi diversas batalhas, mas ganhei algumas importantes. Fui apresentada a todos os perigos do mundo e resisti a diversas tentações. Como se Holden Caulfield[9] tivesse conseguido, em felizes momentos, me segurar com sua luva de beisebol. Era o sonho de Holden poder salvar as crianças de um mundo cruel e hipócrita, usando suas luvas para impedir que caíssem no precipício. Sinto que fui pega por essas luvas em diversos momentos, não em todos. Ganhei amigos e um início de carreira feliz, mas ainda sinto o peso da perda de tempo. Daquele tempo que gastei com o que não prestava ou acrescentava. A verdade é que nunca terei a dimensão dos ensinamentos e oportunidades que não tive coragem para adquirir. Não digo que me faltou maturidade, porque é insensato pedir maturidade a quem mal parou de expor espinhas na cara.

Maturidade é diferente. Vem com o tempo, com as rugas, com as concessões e avaliação de nossas escolhas. Se aprendemos algo útil ou não. Coragem é dar o passo, arriscar, assumir um compromisso, com responsabilidade, consciência. Quem se joga sem pensar não é corajoso, é inconsequente. Coragem pede ação direcionada, pensada. E não tem a ver com o tempo. Coragem é coisa sem idade.

E só fui encontrá-la, a coragem, depois da faculdade, quando decidi trabalhar no exterior numa empresa multinacional. Deixei família, amigos e casos para desenvolver aquilo que tinha prometido para mim mesma depois daquele momento com meu pai na secretaria da faculdade. Posso dizer que a coragem de me afastar das coisas que mais me davam chão foi o que me abriu para o mundo.

De lá para cá, o dia em que me conscientizei sobre minha morte, o tempo correu em um segundo. Fiz e desfiz amizades, construí laços de amizade e admiração com meu pai, fiz belos projetos profissionais, encontrei o amor (e outros planetas). Os eventos mais importantes estão guardados no coração, mas a mente entra em uma espécie de edição acelerada, com *frames* a cada milésimo de segundo. A sensação é de ter vivido um longo sonho, difícil de descrever uma vez acordado. É quando a gente começa a refletir sobre tudo o que fizemos. Começamos a pensar sobre nossas escolhas, para logo lembrar das pessoas que deixamos para trás, e o que de nós deixamos para elas.

---

[9] SALINGER, J.D. *O Apanhador no Campo de Centeio.*

Como estar em um carrossel, girando em seu próprio eixo: o que vemos, olhando para o lado de fora, é a paisagem que vai se alternando a cada volta. O cenário em si parece constante, mas as pessoas circulam. Há pessoas uma vez diante de nós e, se elas decidem partir, na próxima volta já não as vemos mais. Para nós, fica lapidada a percepção que temos delas na última vez que as vimos, e vice-versa. Há, no entanto, os que ficam a nos observar, nos acompanhando nesse movimento em que a música traz novos acordes. A gente sorri um pouco, acena carinhosamente nesse movimento constante de subir, descer e dar voltas, como os altos e baixos da vida. Só que uma hora a música cessa, é hora de descer.

Antes da minha morte, meu pai desceu do seu carrossel.

Na noite antes da sua cirurgia nós tivemos uma longa conversa na sala de casa. Eu já estava casada, mas meu marido ainda não estava conosco. Naquela noite, enquanto minha mãe estava arrumando a cozinha depois do jantar, meu pai e eu tivemos o que se mostrou a conversa mais importante da minha vida, quando penso no meu pai ainda presente. O problema é que eu não me lembro de nada do que falamos. O que sei é que finalmente seus conselhos não *entraram por um ouvido e saíram pelo outro*, como era de costume em outros tempos. Sei que, de alguma forma, eles se entrelaçaram no meu coração e neurônios. A única clara lembrança é de um pensamento que me veio: *Essa é a nossa última conversa.*

Quando meu marido e eu nos mudamos para a França para realizar um sonho comum, depois de anos divorciada do cigarro, eu voltei a fumar. Quando a gente sai da zona de conforto e entra em território nebuloso e inexplorado, é mais fácil caminhar com uma bengalinha. Meu pai ficou sabendo deste maravilhoso fato no dia do seu aniversário de 75 anos, poucos meses antes de partir. Depois desse tremendo desgosto, prometi a ele que, se ele saísse da cirurgia, eu largaria o cigarro de vez. Originalmente uma promessa para ele, que se provou, na verdade, ser para o universo.

Ele acordou da cirurgia perguntando que horas eram. Passados três dias, sucumbiu aos efeitos do tratamento da quimioterapia. O efeito da superdose atacou seus pulmões, e ele não pôde mais respirar sem ser induzido. Eu estava no hospital quando foi sedado, e em poucas horas seu coração não aguentaria o peso de segurar a falha de outros órgãos. O curioso é que, como eu nasci de parto cesariano, meu pai foi a primeira pessoa que vi ao chegar ao mundo. E assim, o universo escreveu que eu seria a última pessoa em que ele descansaria os olhos ao sair dele.

O que me restou foi viver com essa imortalidade que herdei. Os ecos de meu pai são inúmeros e vivos em muitos, e são belos ecos, que ainda me servem de exemplo. Ainda ensinam, ainda mostram que posso ser melhor do que sou. E talvez seja esse o maior legado de alguém, continuar sendo um norte mesmo na ausência física, quando neste mundo viramos história, viramos retrato na parede. Nosso eco na Terra tem esse desafio: sermos mais do que uma imagem que aos poucos vai perdendo contraste antes de desvanecer e sermos engavetados desse outro jeito também.

O grande eco de meu pai é que ele me salvou em diversos momentos. Quando não me comprou a mobilete, quando me proibiu de tirar carteira de motorista, quando saiu da cirurgia e me fez cumprir a promessa. E tantas outras vezes que não tenho linhas para descrever. A gente precisa ser salvo em alguns momentos da vida, porque não nascemos com manual nem gabarito. Porém, sairemos dela com bagagens. Se na bagagem que levamos ao outro plano guardamos a consciência sobre nossas escolhas, na bagagem que fica, deixamos os sentimentos que geramos nos que amamos. Quem dera ambas estas bagagens sejam leves, e nossa partida deste mundo deixe saudade, ao mesmo tempo em que possamos lamber os dedos para celebrar uma vida produtiva. Desejo uma morte leve, desejo que minhas diversas mortes sejam leves, se é que isso é possível.

Porque eu morri, morri naquele dia em que vi a relva selvagem florescer, no dia em que lambemos os dedos molhados de suco de hambúrguer. Morri naquele dia em que me sentei no banco do jardim do hospital, horas antes do momento em que nasceu minha filha. No hiato entre o silêncio do fim do parto, até que ela encontrasse meu peito, toda enrugadinha e gosmenta, eu morri.

Mas nasci mãe.

Nessa nova volta do meu carrossel, floresceu uma paisagem diferente. De dentro observo esta nova presença que passa a integrar o espaço entre meu eixo e meu abraço. Se eu pudesse, gostaria de colocá-la dentro do carrossel comigo. Controlando meu colo para não ser tirânico, queria blindá-la de todos os erros que cometi, das pessoas ruins, da falta de coragem, das imprudências, do vazio do tempo perdido; ainda assim, daria espaço para seus movimentos.

Se há um peso que carrego nesta vida de antes, antes da maternidade, é esse vácuo das perguntas que não fiz, dos aprendizados que não computei, dos momentos e risos que ceifei no rio da teimosia e rebeldia, junto daquele que me salvou tantas vezes, até o seu último suspiro. Mas se ela escolher estar comigo de algum jeito, para tirar de mim tudo o que posso dar a ela, ao mesmo tempo em que aprende a dar seus próprios passos, encontro então algum tipo de redenção, e partirei leve desta vida.

> *Puxa, aí começou a chover pra burro. Um* dilúvio, *juro por Deus. Todos os pais e mães, todo mundo correu para debaixo do teto do carrossel, para não se molhar até os ossos, mas eu ainda fiquei ali no banco mais algum tempo. Me molhei para diabo. (...) Mas nem liguei. Me senti tão feliz de repente, vendo a Phoebe passar e passar. Para dizer a verdade eu estava a ponto de chorar de tão feliz que me sentia.*[10]

***

Minha mãe só pôde conhecer sua neta meses após seu nascimento, dada à crise pandêmica da Covid-19, que impossibilitou sua viagem à França. Em um dos seus primeiros passeios com a neta, a avó levou-a para conhecer um carrossel; e, por diversos minutos, ambas se perderam no tempo ao vê-lo girar.

Livros citados

KUNDERA, Milan. *A Imortalidade.* Rio de Janeiro: Nova Fronteira, 1990.

KUNDERA, Milan. *A Insustentável Leveza do Ser.* Rio de Janeiro: Nova Fronteira, 1984.

SALINGER, J.D. *O Apanhador no Campo de Centeio.* 12ª ed. Rio de Janeiro, Editora do Autor, 1989.

XAVIER, Chico, *Palavras de Vida Eterna.* Uberaba: CEC, 1981.

---

[10] SALINGER, J.D. *O Apanhador no Campo de Centeio.* p. 179.

Três livros, três momentos de vida

Por Anna Russo

Sou apaixonada por livros e por escrever. Publiquei três livros de poesia, o último deles intitulado *Poemas Encantados*, dedicado a meus netos. Mesmo assim, escrever sobre livros que me causaram impacto é tarefa difícil, pois foram muitos os que passaram por minhas mãos e dos quais eu gostei. Minha relação com esse universo literário começou aos sete anos, quando ganhei de meu pai a coleção completa de Monteiro Lobato. Meu olhar infantil se encantou com as histórias de Dona Benta. O folclore brasileiro ficou vivo, o Saci e a Mula sem Cabeça eram figuras verdadeiras para mim, com o reforço das histórias contadas pelas funcionárias da casa. Fiquei íntima da mitologia grega, de deusas e deuses, dos heróis e monstros que eles derrotavam. Até hoje me lembro da Hidra de Lerna, da Medusa, do Leão de Nemeia. Ficou tudo gravado, como só acontece quando se é criança! E que eu consigo acessar quando, sonhando acordada, volto ao Sítio do Pica-Pau Amarelo.

Adiantando alguns anos, pensem numa jovem em meados da década de 1960, que sempre estudou em colégio de freiras e foi criada num lar de classe média, católico, no qual o caminho para as mulheres já estava mapeado desde o nascimento. Casar e ter filhos era o papel a ser desempenhado. Não havia espaço para questionamentos. Aliás, nem eu e nem as outras garotas que eu conhecia pensávamos em questionar alguma coisa. Trabalhar, nem pensar: isso era papel para os homens, os provedores. Mulheres deviam ficar em casa. Trabalho, quando muito, como voluntária numa instituição de caridade.

Dentro desse padrão, me casei e tive logo dois filhos. Não me entendam mal, fui muito feliz no casamento; meu marido foi um homem inteligente, que nunca cortou minhas asas. Asas que começaram a se abrir quando entraram na minha vida os artigos de Carmen da Silva, na revista *Claudia*, onde ela assinava a coluna "A arte de ser mulher"[1]. Claro que isso só pôde acontecer porque dentro de mim já existia a semente do descontentamento e da inconformidade com o papel preestabelecido. Enfim, eu era campo fértil para ler frases como esta: *"ser protagonista e não espectadora da própria existência."*

---

[1] A coluna mensal da escritora e jornalista gaúcha Carmen da Silva foi publicada na revista *Claudia*, da Editora Abril, entre 1963 e 1985. Ela abordava temas polêmicos e questões do universo feminino.

A protagonista de sua vida resolve e conquista a partir de si mesma, isto é, conta com um centro de gravidade interno, um eixo em redor do qual giram suas decisões e seus atos.

Inspirada por Carmen da Silva, somei outros horizontes ao meu papel de mulher casada e mãe: comecei fazendo vestibular e entrando na Escola de Comunicações e Artes da Universidade de São Paulo, (ECA/USP). Colégio de freiras para mim, nunca mais! Nem pensei em Sedes Sapientiae e PUC (Pontifícia Universidade Católica) por causa da conotação religiosa. Esperava ansiosamente a cada mês o novo artigo da Carmen, que continuava a pontuar: *quem sabe os livros que até agora lemos já não são os que hoje queremos ler...; "quem sabe os ensinamentos de nossos pais, tão sensatos e bem-intencionados, já não tenham total vigência no mundo tal como ele é hoje?"*

Sobrava muita matéria para questionamento para quem, como eu, estava aberta para isso. E o mais interessante é que os artigos da Carmen impactaram meu caminho de vida, mas não destruíram o que eu já havia conquistado e com o que estava satisfeita. Eles me ajudaram a acrescentar à minha vida, a torná-la mais interessante e adequada ao que eu era realmente.

Fiquei muito feliz ao receber de presente da minha filha Cecília, há alguns anos, um livro com todos os artigos que a Carmen escreveu durante os vinte anos em que atuou na revista *Claudia*[2]. E, assim, pude agora citar textos que me encantaram nos anos 1960, 70 e 80. E que, lidos hoje, continuam vivos, pertinentes e com certeza ainda servindo de inspiração para que muitas mulheres olhem para si e questionem suas escolhas.

Depois disso, minha curiosidade sempre presente e meu desejo pelo saber me levaram a assistir a palestras do padre Charbonneau, que ensinava filosofia no Colégio Santa Cruz, onde meus filhos estudavam. Através dele, conheci Pierre Teilhard de Chardin (1881-1955), padre jesuíta francês que me abriu novos horizontes e fez com que eu olhasse a religião de uma outra maneira. Fui criada numa família ultra-católica, que até descrevo em um de meus poemas... *"era uma vez um tempo rosado... muita ave maria e vestido engomado... procissão e bispos e, de quebra, sacis."*

---

[2] *O melhor de Carmen da Silva - A arte de ser mulher,* organizado por Laura Taves Civita.

Minha avó materna, portuguesa, era superligada ao alto clero, ao cardeal de São Paulo. A tal ponto que, todas as vezes em que havia um congresso eucarístico na cidade, minha avó hospedava um cardeal visitante. Lembro-me de todo o cuidado e pompa com que meus avós recebiam esses ilustres visitantes. E a casa toda se sentia honrada, até mesmo as funcionárias, que, claro, eram católicas devotas!

Mas eu, criada neste ambiente, nesta altura já era uma mulher, havia cursado a USP. Sentia que os dogmas e as regras estavam sendo questionados, e a missa aos domingos não era mais tão frequentada. Assim, escutando o padre Charbonneau, eu tive o primeiro contato com o pensamento de Teilhard de Chardin, filósofo que era ao mesmo tempo padre, geólogo e paleontólogo. E cujos escritos buscavam unir religiosidade e ciência. Identifiquei-me logo com a proposta de substituir a palavra religião pela palavra espiritualidade. Porque, segundo Chardin, *"A religião segue os preceitos de um livro sagrado. A espiritualidade busca o sagrado em todos os livros."*

Estas palavras caíram como uma luva para quem, como eu, buscava conhecimento em todos os livros e queria saber sobre todas as religiões. E passei a acreditar que *"a religião é para os que dormem. A espiritualidade é para os que estão despertos."* Estar desperta foi outra descoberta desse período. Desperta para as inúmeras possibilidades que a religião não permitia. Estar desperta significava poder questionar tudo, raciocinar sobre tudo, para escolher meu caminho livremente.

E foram esta mesma curiosidade e estes questionamentos que me fizeram descobrir recentemente, há uns três anos, o autor Gregg Braden. Um de seus livros, *The Science of Self-empowerment*[3], foi descrito por meu neto Gabriel como sendo *"mind blowing"*[4]. O subtítulo, em tradução livre, é *Descobrindo a nova história da humanidade*, e já dá uma ideia do que Gregg, que no início de sua carreira era geólogo e programador de computação, nos propõe como desafio.

---

[3] A Ciência do auto-empoderamento, em tradução livre. *The Science of Self-Empowerment: Awakening the New Human Story*, por Gregg Braden.
[4] Surpreendente.

E que desafio! Ele cruza os limites tradicionais da ciência e da espiritualidade para buscar respostas para questões sempre presentes na história da humanidade. E apresenta novas descobertas, que nos levaram a ter ainda mais perguntas sem resposta, a cavar mistérios mais profundos, até chegarmos à beira de um território proibido, ao explicar nossa origem e existência. E por que não duvidarmos sempre do que é apresentado como definitivo e imutável? A história já demonstrou isso inúmeras vezes. Questões apresentadas como irrefutáveis foram várias vezes derrubadas quando novas descobertas surgiram. Nessa mesma pegada do autoempoderamento, lembro uma frase marcante da pesquisadora e palestrante norte-americana Brené Brown: *"Quando negamos nossas histórias, elas nos definem; quando nos apossamos de nossas histórias, conseguimos escrever um novo final"*.

Nesta minha reflexão sobre o meu caminho de vida ligado aos livros que me acompanham, é interessante notar que estes títulos surgiram no momento certo, como se eu já estivesse bastante propensa a considerá-los e admirá-los. Com certeza os artigos de Carmen da Silva contribuíram para mudar minha visão sobre os direitos e a liberdade de pensamento e ação das mulheres, fazendo com que eu me afirmasse como estudante e depois como profissional, indo além dos papéis a que se resignaram muitas mulheres da minha geração. Quando a minha inquietação era a religião, as páginas escritas por um jesuíta francês me levaram a encontrar a espiritualidade e, por fim, outro livro de um norte-americano contemporâneo me convidou a olhar as descobertas científicas sob novos ângulos. Talvez esteja aí a chave para tanto encantamento – esses autores me brindaram com novas formas de enxergar temas milenares, e todos os seus questionamentos encontraram eco dentro de mim. É nessa relação empática, entre a leitora que sou e as ideias que li, que reside o poder mágico e transformador da literatura.

Livros citados
BRADEN, Gregg. *The Science of Self-Empowerment: Awakening the New Human Story.* Carlsbad: Hay House, 2019.
RUSSO, Anna Maria. *Domingo à tarde.* São Paulo: Massao Ohno, 1988.
CIVITA, Laura Taves (Org.). *O melhor de Carmen da Silva - A arte de ser mulher.* Rio de Janeiro: Rosa dos Tempos, 1994.
TEILHARD DE CHARDIN, Pierre. *O fenômeno humano.* São Paulo: Cultrix, 1988.

“

03

Pessoas comuns, exemplos extraordinários

Por Aristóteles Nogueira Filho

Ao longo da vida, minha relação com os livros foi inconstante. Minhas primeiras memórias incluem livros infantis de capa preta e dura. Eram histórias clássicas, como Chapeuzinho Vermelho, João e Maria e Os Três Porquinhos. Já na adolescência, me recordo de ter um momento Agatha Christie, seguido por alguns livros de Jô Soares, e por fim, Dan Brown. Mas o fato é que a leitura nunca foi um hábito perene. Quando algo me chamava a atenção, eu exauria o conteúdo associado àquele tema ou autor e depois voltava a hibernar como leitor.

A mudança veio tarde, por volta dos vinte e sete anos. Mas, como dizem de forma irreverente: "antes tarde do que *mais tarde ainda*". Diversos foram os catalisadores. O caminho de 40 minutos de metrô para o trabalho era propício para a leitura. A aquisição de um *e-reader*, que me possibilitou ter livros sempre à mão. E por fim, e mais importante, achei um filão de livros que me interessavam e que eu descrevo de forma resumida como 'livros sobre pessoas e negócios'. Tentei ler "grandes autores": Hemingway, Gabriel García Márquez e Dostoievski, por exemplo, não passaram pelo meu crivo. Algo que, obviamente, diz mais sobre minhas limitações do que sobre a qualidade de suas obras.

Percebi que as histórias que gosto de ler são as do mundo real, e muitas vezes com elementos em comum. Elas contam sobre pessoas extraordinárias se dedicando ao que amam. Considero essa combinação a mais potente de todas. É isso que leva o homem à Lua, que desenvolve vacinas, que gera riqueza, que nos permite ter um computador em casa... Gente boa fazendo o que gosta é o maior combustível da comunidade humana.

Gosto de terminar um livro e perceber que aprendi algo. Não vejo a leitura como *hobby* ou diversão; para isso prefiro outras atividades. Considero os livros ferramentas de aperfeiçoamento pessoal. Neste contexto, gosto daqueles que me apresentam uma destas duas coisas: alguém que sirva como exemplo de vida ou reflexões que possam ser convertidas em pequenas regras para o meu dia a dia. Os exemplos de vida que pude ter, graças aos livros, incluem Chuck Feeney, Sam Walton, Phil Knight, Sebastião Salgado, Steve Jobs, Jeff Bezos, Howard Schutz, Tara Westover, Warren Buffett, Trevor Noah, Albert Einstein, dentre outros.

De todos os exemplos de vida que chegaram a mim pela leitura, destaco três como os mais importantes. Chuck Feeney, retratado em *The Billionaire who wasn't*; Scott Harrison, que conta sua história em *Thirst*; e Tara Westover, autora e personagem principal de *Educated*. Os primeiros não têm versão em português; o terceiro teve seu título traduzido como *"A menina da montanha"*. Além das histórias inspiradoras, esses biografados se assemelham por não serem conhecidos do grande público. Se, ao final das próximas páginas, os três não forem mais tão estranhos ou se brotar um desejo de dar um *google* e conhecer mais sobre eles, meu objetivo estará cumprido.

***

I simply decided I had enough money. It doesn't drive my life. I'm a what-you-see-is-what-you-get kind of guy", Feeney told Miller. "Money has an attraction for some people, but you can't wear two pairs of shoes at one time.[1]

Em abril de 1931, Charles (Chuck) Francis Feeney nascia na cidade de Elizabeth, no estado de Nova Jersey.

A história de Chuck Feeney tem os mesmos traços de alguns dos grandes empreendedores americanos. De família simples, ele tem começo não muito inspirador, mas, depois de algum tempo investindo um grande esforço na mesma direção, ele constrói um império. Neste drama da vida real, o filho de imigrantes irlandeses tem sua vida altamente impactada pela educação, ao cursar a escola de hotelaria da universidade de Cornell.

A aventura de Feeney, como muitos de sua época, passou por atuar em momentos de guerra. No caso dele, no Japão, logo após o fim da Segunda Guerra Mundial, e durante a Guerra da Coreia. Após uma série de reviravoltas, e com um pequeno exagero biográfico, Chuck cria um império, baseado em um ramo até então desconhecido: o *Duty Free*. Sim, as lojas que vendem sem impostos, localizadas majoritariamente em aeroportos internacionais, se tornaram onipresentes pelo espírito empreendedor de Chuck Feeney e seus sócios. Como você já pode imaginar, a fortuna gerada por tal empreitada foi enorme.

---

[1] O'CLERY, Conor. *The Billionaire Who Wasn't*, p. 235. Tradução livre: "Eu simplesmente decidi que tinha dinheiro o suficiente. Ele não guia a minha vida. Eu sou um cara autêntico", Feeney disse a Miller. "O dinheiro atrai algumas pessoas, mas voce não pode usar dois pares de sapato ao mesmo tempo."

Até aí, a biografia difere pouco de outras tantas biografias de negócios. Ganham destaque mantras como colocar o cliente em primeiro lugar, ter criatividade e audácia para inovar, que são traços importantes de um empreendedor. Mas o impressionante está por vir. Se a história de empreendedorismo tem um quê de "ordinária", o que Chuck decide fazer com toda a sua fortuna, não. Ele resolve voltar a ter uma vida extremamente frugal (a ponto de ser excêntrico) e doar praticamente todo o seu dinheiro – ainda em vida e de forma anônima – para causas em que acredita. Você pode estar pensando: "grande coisa, tem muita gente que faz isso", e é verdade. Mas não era tão verdade em 1982, quando Chuck transfere praticamente todo seu patrimônio para a Atlantic Philantropies. O elemento anonimato também traz uma diferença que julgo interessante vis-à-vis às práticas filantrópicas atuais, que têm como principal motivador os holofotes.

Chuck se inspira nos escritos de Andrew Carnegie e Maimônides, para sua combinação de doação em vida e de forma anônima. Naturalmente, é difícil ficar anônimo por muito tempo ao doar mais de 8 bilhões de dólares para mais de dois mil e quinhentos beneficiários. Portanto, a figura de Chuck acaba saindo de trás das cortinas. O maior beneficiário foi a universidade de Cornell, com 965 milhões de dólares recebidos ao longo dos anos, incluindo uma doação de 350 milhões de dólares para a construção de um *campus* com foco em cursos de tecnologia em Nova York.

A vida de Chuck Feeney, combinando empreendedorismo, frugalidade, discrição e impacto social, se tornou uma grande referência pessoal. Também me inspirou a agir agora, enquanto tenho energia, e não no futuro, quando tudo é naturalmente mais incerto. Do artigo *The Gospel of Wealth*, de Andrew Carnegie[2], vem a lição de que não há nada mais nobre a se fazer com o excesso de riqueza gerado (que seja um real ou um bilhão) do que ajudar aqueles que foram menos afortunados. Nessa ideia se encaixam duas frases de que gosto muito e que me servem de inspiração: Se não eu, então quem? Se não agora, então quando?

Antes que me achem louco, esclareço que não tenho ambição nem de ser tão

---

[2] Originalmente intitulado "Wealth" e publicado na revista literária *North American Review,* em junho de 1889, o artigo "The Gospel of Wealth", de Andrew Carnegie, é considerado um documento fundante na área da filantropia.

frugal (meu relógio custa mais do que o Casio de quinze dólares usado por Chuck) nem tão generoso (dificilmente terei 8 bilhões de dólares em excesso de riqueza), mas conhecer sua biografia me inspirou a ser a melhor pessoa que eu conseguir dentro das minhas circunstâncias.

***

And so, every night, I'd snort another line of cocaine and pass the rolled-up bill to another pretty girl and think to myself, this is not who I am. This is not who I want to be. This is not how I thought my life would turn out[3].

Em setembro de 1975, Scott Harrison nascia na Filadélfia.

Filho de pais religiosos, ele teve uma juventude pacata. Embora sua mãe lidasse com um problema crônico de saúde, a primeira parte de sua vida soa como aqueles clássicos roteiros de filmes hollywoodianos, em que a calmaria precede algum evento que trará turbulência à vida do protagonista.

No caso de Scott, o evento é a mudança para Nova York. Na mais icônica metrópole do planeta, ele forma uma banda de sucesso mediano. Sucesso não relevante para garantir uma carreira, mas suficiente para lançá-lo no mundo do entretenimento. Ele começa a trabalhar como *promoter* em algumas casas noturnas, até conseguir um lugar na prestigiada Lotus, onde organiza festas com a presença de modelos, cantores e outras celebridades. Sua vida passa a ser focada na noite, e em tudo que vem associado à boemia, como drogas, relações efêmeras e gastos descontrolados.

A história relatada acima não me enche os olhos. Talvez para algum aficionado por boates possa ser um caso de sucesso. Para mim, a parte surpreendente vem depois: Scott decide mudar. E não é uma mudança pequena. O *promoter* se inscreve como voluntário em uma organização que opera navios-hospitais – a Mercy Ships, que realiza diversos tipos de cirurgias gratuitamente para a população africana. Scott sai do cargo de *promoter* de casa noturna em Nova York para atuar como fotógrafo em um navio de caridade na costa da Libé-

---

[3] Harrison, Scott. *Thirst. A Story of Redemption, Compassion, and a Mission to Bring Clean Water to the World*, p. 6. Tradução livre:"E então, toda noite, eu cheirava outra carreira de cocaína e passava uma nota enrolada para alguma mulher bonita, e pensava isso não é quem eu sou. Isso não é quem eu quero ser. Não é isso que pensei que minha vida se tornaria."

ria. A alteração dramática começa pelas pessoas com quem passa a conviver: cidadãos de toda parte do mundo que dedicam dois ou mais anos de suas vidas para uma causa humanitária.

Após essa jornada, ele decide embarcar em um empreendimento social próprio. Em conversa com conhecedores das mazelas africanas, percebe que um dos mais impactantes problemas na vida das pessoas daquele continente é o difícil acesso a água potável. Na África, a água consumida é muitas vezes a principal causa de doenças. Além disso, o tempo dedicado para se obter água pode ocupar parte relevante do dia.

No modelo proposto por Scott, existem alguns financiadores específicos para a parte administrativa da ONG, enquanto todos os recursos recolhidos junto ao grande público são direcionados para a construção de poços artesianos. A Charity: Water, fundada por Scott, também inova ao unir todo o conhecimento de marketing e eventos trazido de sua experiência como *promoter* para realizar campanhas de arrecadação extremamente criativas, bem executadas e, felizmente, bem-sucedidas. Este modelo permite que a ONG, em seus 15 anos de existência, tenha financiado mais de 90 mil projetos em 29 diferentes países, impactando aproximadamente 15 milhões de pessoas.

A vida de Scott Harisson evidencia como mudar a direção das coisas é possível. Não necessariamente fácil, mas possível. Um padre pode decidir virar DJ, quem nasce pobre pode se tornar rico, quem começa como *promoter* de baladas pode impactar a vida de milhões de pessoas por meio da caridade. Nosso futuro é uma tela em branco, em que podemos decidir pintar algo bastante diferente do que vivemos até o momento.

***

Everything I had worked for, all my years of study, had been to purchase for myself this one privilege: to see and experience more truths than those given to me by my father, and to use those truths to construct my own

---

[4] WESTOVER, Tara. *Educated*, p. 304. Tradução livre: "Tudo pelo qual eu tinha trabalhado, todos os anos de estudo, foi para conquistar este privilégio: ver e experimentar verdades além daquelas apresentadas para mim pelo meu pai, e para usar essas verdades para construir minha própria consciência. Se eu me rendesse agora, eu perderia mais do que uma discussão. Eu perderia o controle da minha própria consciência. Este era o preço que me estava sendo cobrado, hoje eu consigo entender. O que meu pai queria retirar de mim não era um demônio, era eu mesma."

mind. If I yielded now, I would lose more than an argument. I would lose custody of my own mind. This was the price I was being asked to pay, I understood that now. What my father wanted to cast from me wasn't a demon: it was me.[4]

Em agosto de 1986, Tara Westover nascia em uma cidade com menos de mil habitantes no estado de Idaho, nos Estados Unidos.

A história de vida de Tara nos pareceria absurda se a víssemos em filme. Nascida em uma família extremamente religiosa, teve sua educação bastante limitada e desvalorizada durante a infância. Educada em casa, a jovem aprendeu a ler e a escrever, mas não consumia cultura, história ou conhecimentos que fossem além dos contidos em textos sagrados.

Acompanhamos, por seu relato em primeira pessoa, que em casa ela é tratada com bastante desrespeito e abuso, tanto físico quanto moral. Tara só percebeu a intensidade de tais abusos como fora do comum mais tarde, ao conhecer um mundo além daquele. Como forma de escape, a garota segue o caminho de um irmão mais velho e resolve estudar. Em seu contexto, tal decisão vem com grande dose de culpa por abandonar sua família, e com temor de que seja punida por Deus por tal heresia.

Na faculdade, vive alguns percalços iniciais por causa de sua falta de cultura: soa desrespeitosa, por exemplo, por não conhecer a palavra holocausto. Sua pureza acaba se tornando vantagem. Possui um interesse muito acima da média em buscar conhecimento e uma mente extremamente livre de conceitos pré-determinados, conseguindo trazer novos olhares a antigas questões. Com isso, tem oportunidade de frequentar Cambridge e Harvard, duas das mais prestigiadas universidades do mundo.

Após trilhar esse caminho de enorme sucesso, chega o momento de confrontar o seu passado. Seu pai, símbolo de tudo que há de mais retrógrado, a encontra no *campus* de Harvard. Neste emblemático palco, seu pai demanda que ela faça uma escolha. De um lado, a família, de outro, todo o novo mundo descoberto pela educação. Corajosamente, Tara opta pelo último, eliminando os já fragilizados laços com seus familiares.

Esta obra me toca porque, além de ser um grande exemplo de impacto da educação, também evidencia como esse nobre objetivo nem sempre é compatível com outras prioridades da vida. Muitas pessoas são convocadas a fazer sacrifícios em nome da educação. No caso de Tara, o sacrifício foi tremendo, pois ela abriu mão de sua família.

***

As três histórias que compartilhei são histórias de mudança de vida repletas de não conformismo e revelam imensa capacidade de seguir em frente e transformar o mundo para melhor. Os livros nos trazem a possibilidade de conhecermos as faces, os desafios, as angústias e os caminhos dos mais extraordinários seres humanos. Não tenho a pretensão de atingir feitos comparáveis aos dos citados, mas, graças aos seus exemplos, hoje me considero um pouco mais empático, um pouco mais caridoso, e valorizo ainda mais a educação. Também tenho a convicção de que conflitos e momentos difíceis são parte de qualquer caminho e, acima de tudo, podem ser superados.

Livros citados

HARRISON, Scott. *Thirst: A Story of Redemption, Compassion, and a Mission to Bring Clean Water to the World.* The Crown Publishing Group. Edição do Kindle.
O'CLERY, Conor. *The Billionaire Who Wasn't.* PublicAffairs. Edição do Kindle.
WESTOVER, Tara. *Educated.* Random House Publishing Group. Edição do Kindle.

Páginas que encorajam a mudança

Por Camile Bertolini Di Giglio

Sempre busquei desafios. Logo cedo, com meus 12 anos, decidi que minha casa de bonecas de madeira se transformaria em meu escritório. Afinal, um dos meus passatempos preferidos era buscar material descartado por meu pai, um pequeno empresário na área industrial, para fazer parte do meu momento de brincadeira. Aos 14 anos, iniciei meu primeiro empreendimento, constituí uma extensão da escola de *ballet* que eu frequentava, oferecendo aulas de dança para várias meninas que moravam próximo da minha casa (que ficava em outra cidade, longe da matriz). Já que fazer pequeno ou grande dá o mesmo trabalho, iniciei de cara com três turmas distintas e muitas horas de aula, treinando as meninas todas as semanas. Esse projeto durou dois anos, até concluir o segundo grau, pois saí da casa dos meus pais para estudar na capital. A área já estava muito bem definida: escolhi Administração de Empresas por paixão!

De lá para cá, o amor pela administração e pela gestão das pessoas só aumentou; adoro fazer parte da vida, das escolhas e da evolução das pessoas e da comunidade. Logo no início da faculdade, senti vontade de trabalhar para colocar os conhecimentos em prática e, após um curto estágio numa empresa familiar, entrei para um banco multinacional.

Na universidade, tive um dos maiores aprendizados com o professor José Eduardo Zdanowicz. Ele ensinava planejamento financeiro e gestão orçamentária e, em seus livros, explicava a diferença que faz ter um bom planejamento, uma condução de forma ordenada, e as ideias e ações que uma empresa deve tomar para seguir progredindo. Uma frase de um de seus livros, em especial, me marcou: *"as empresas deverão trilhar o longo caminho curto (LCC) e não o curto caminho longo (CCL), ou seja, investir bastante em planejamento financeiro para que seus objetivos possam ser alcançados na íntegra e no prazo fixado."* [1]

Quando planejamos com atenção, focados, abrindo as diferentes possibilidades, temos uma execução mais rápida e eficaz. "O curto caminho longo ou o longo caminho curto". Essa máxima simplifica a verdadeira função de um plano de negócios, que é organizar um cronograma de execução, montar um planejamento para que essa execução ocorra da forma mais simples possível

---

[1] ZDANOWICZ, José Eduardo. *Planejamento Financeiro e Orçamento.* p. 31.

– afinal, as dificuldades que poderiam aparecer já foram analisadas no planejamento –, tornando a execução menos dolorosa.

O impacto desse pensamento, que simplesmente se traduz em "ordenar as ideias antes de sair fazendo", ultrapassou o âmbito profissional e invadiu minha vida em todos os sentidos. "Pensar primeiro" é uma forma de se colocar dentro do universo do que se almeja. E isso mexe também com o desejo, a crença e a fé de que as coisas fazem sentido e darão certo. Quando pensamos em nossa vida, nos passos que vamos dar, precisamos sempre fazer escolhas. Se tivermos a ordem dos eventos bem definida, a tomada de decisão se torna mais clara e assertiva. O mundo é feito de escolhas, e precisamos fazê-las com objetividade.

Carrego comigo esse pensamento, mas ele não é engessado. Os aprendizados diários são valiosos para melhorar a nossa busca e pavimentar caminhos que transformem nossos sonhos em realidade. Gosto de salientar que sempre incluímos novos degraus em nossa escada da vida, novos desejos, novos objetivos, e seguimos olhando sempre para cima, com a finalidade de chegar ao topo. Mas deixamos de observar que, mais importante do que sempre ter o olhar à frente, é preciso valorizar cada degrau vencido. Muitas vezes, durante a jornada, nos esquecemos de olhar para trás e reconhecer cada vitória atingida. Cada um sabe o quanto precisou se aperfeiçoar, quanta energia despendeu, de quanto abdicou para vencer aquela batalha, e essa conquista é fruto de muito empenho. Por isso, é preciso dar valor à jornada, entender que as pequenas vitórias contam muito e que, somadas, elas nos conduzem aos resultados que planejamos.

Outra grande escolha que fiz foi voltar da capital gaúcha para minha cidade natal e trabalhar na empresa da família. Já se passaram 18 anos deste retorno, e muitas histórias foram construídas. Me casei com a pessoa que me inspirou a voltar para o negócio da família, me tornei mãe de uma menina, que hoje vive as inquietudes da pré-adolescência, sou empresária, conselheira, estudante, cozinheira e leitora; afinal, os livros são para a vida!

Essa paixão não nasceu quando eu era jovem: eu sempre tive mais vontade de ler do que tempo dedicado de fato à leitura. A diferença entre o desejo e a realização cria certa ansiedade, pois, ao mesmo tempo que recebemos a indicação de uma bibliografia, não conseguimos finalizar o que começamos, e isso é frustrante. Com a gravidez e o nascimento da minha filha, o tempo ficou mais dedicado a ela... Não me lembro bem se foi numa conversa, ou numa leitura, que surgiu a sugestão de comprar os livros que eu tinha vontade de ler. A dica caiu como uma luva: comprar os livros e deixar que eles aguardassem a hora justa para serem lidos. Até hoje sigo essa linha, compro mais livros do que tenho capacidade de ler agora, mas sei que no momento certo as energias me conduzirão àquela leitura. Como na vida, a leitura também tem seus ciclos, em diferentes prismas: na quantidade dedicada de tempo, na escolha dos temas, na necessidade de ampliação de conhecimento ou na simplicidade de se apaixonar por um personagem ou por um escritor.

Para abraçar as oportunidades que a vida nos oferece e realizar sonhos, é necessário ter muito foco, determinação e atitude. Somos demandados por diferentes frentes todos os dias, e recebemos uma avalanche de informações. Passamos a ser mais seletivos com nossas escolhas para não enlouquecermos e, ao mesmo tempo, nos frustrarmos. Afinal, a curva de oferta cresce infinitamente, mas o dia continua tendo as mesmas 24 horas. A vida é uma multiplataforma de acesso instantâneo, e fazer a seleção correta de onde iremos nos focar é uma grande questão. Imagine onde ficam os livros com tantas possibilidades de entretenimento e lazer? É preciso ter uma paixão muito grande por esse instante ímpar de abrir um livro e desfrutar o que ele carrega consigo.

A busca pela essência, pelo nosso papel no mundo, pela espiritualidade como marca principal da nossa passagem por este plano, me levou a escolher livros fantásticos. Para entender os valores femininos mais íntimos, começou a minha leitura da famosa escritora Clarissa Pinkola Estés. Claro que a primeira leitura foi de seu grande clássico *Mulheres que correm com os lobos*, que teve sua primeira publicação há quase três décadas. Ele reúne lendas folclóricas, histórias de diferentes culturas e até mesmo contos de fadas que foram coletados ao longo de 20 anos de pesquisa.

Meu primeiro contato com o livro foi cerca de uma década antes de mergulhar no maravilhoso mundo do instinto feminino, um mundo que faz parte de todas as mulheres, porém fica escondido e acobertado pelos bons costumes, provocando a perda de nossa essência livre e criativa. A chegada dos 40 anos carrega muito significado, e poder me presentear com essa leitura nesse aniversário foi uma das melhores escolhas que pude fazer. Minha história nunca foi padrão: sempre quebrei várias barreiras, ao mesmo tempo em que segui muitos padrões definidos pela sociedade. Chegar aos lugares que definimos exige empenho e preparo; manter-se no patamar alcançado gera necessidades mais complexas.

Sempre ouvimos histórias sobre mulheres e, nesses relatos, aquelas que dão certo são as recatadas, as belas e as do lar. O livro vai descontruindo essas histórias e mostrando a força interior que existe na essência das mulheres, em seu instinto mais selvagem e ancestral. No decorrer da narrativa, somos instigadas e convidadas a rever nossa forma de agir, de pensar e de encarar o mundo. Um convite sem pressão, mas que gera muitos questionamentos sobre o modo como estamos vivendo, como estamos nos relacionando com as pessoas, com as perdas, com as derrotas e, em especial, conosco.

Nossas histórias são construções baseadas em conhecimento, naquilo que ouvimos, no que lemos e na nossa própria fala. O tempo passa e nos esquecemos de colocar um componente em nossa vida: o da dúvida, do questionamento, da melhoria. Nos balizamos pela média... e se essa média for baixa, seguiremos por esse caminho? Podemos fazer melhor do que está sendo apresentado? O que podemos esperar de nós mesmos para o futuro? Gerar questionamentos é um dos pontos fortes do livro; toda vez que paramos para nos questionar, estamos buscando extrair algo melhor de nós mesmos.

As inquietudes nos fortalecem enquanto indivíduos, nos mostrando novos horizontes. Nem sempre eles parecem ser os mais bonitos, os mais fáceis de encarar, mas saber abrir a mente para novas oportunidades exige também muito esforço e, quanto maior o esforço, maiores serão o aprendizado e a conquista. Precisamos de humildade para entender que fizemos bem até um determinado ponto, mas que vale a pena nos repensarmos, nos transformarmos em algo melhor, vivendo uma metamorfose. Nossa vida segue um fluxo de renovação e transformação fantástico. Aceitar esse fluxo é aprender que construímos a nossa história dia a dia, com nossas crenças, que dão significado às nossas atitudes.

Clarissa nos mostra que a mulher nunca teve um papel limitado, mas viveu intensamente como uma loba, como um animal que é impossível domesticar. Carrega a intuição e a criatividade como marca forte de sua vida e suas qualidades mais selvagens foram sendo encobertas pelos padrões de uma sociedade racional, que delimita as falas, os pensamentos, os espaços e as posições que uma mulher pode ocupar. Nunca me vi presa, sempre olhei para os problemas como oportunidades, aprendi a encarar as situações de frente e com transparência. As dificuldades chegam para nos fortalecer, nos preparam para os próximos passos, deixando nossos sentidos mais alertas aos movimentos e extraindo o melhor de nós. Sinto que os desafios me oxigenam, me levando a locais que não imaginava alcançar, conquistando vitórias que nem sonhava que existissem. É essencial valorizar a caminhada e não somente o que atingimos, pois é durante o percurso que vamos aprendendo, nos conhecendo e quebrando nossas crenças. A nossa jornada é transformadora, ressignificando a nossa existência e nos levando mais próximos do nosso criador. Dele viemos e a Ele voltaremos, como parte de um grande ecossistema que se fortalece na união e no amor.

A sociedade é balizada pelo medo: ele cria uma linha no imaginário que é muito tênue. Se a dose de medo for muito alta, travamos e nos deixamos abater pelas dificuldades, criando um esquadrão de desculpas nas quais passamos a acreditar e a nos abraçar. O medo em pouca dosagem nos deixa muito livres, gerando atitudes inconsequentes, nos colocando em risco desnecessariamente. Ele acelera a tomada de decisão, acaba com nossa saúde física e mental, nos jogando num mundo de constante insatisfação, de uma busca incansável e inatingível.

O medo bem dosado é que nos faz bem. Ele nos nutre com coragem e confiança para encararmos as oportunidades. Mantém nosso cérebro em constante estado de alerta, fluindo o sangue por nosso corpo e oxigenando as nossas ideias. Ele nos limita e nos acelera, num movimento constante e equilibrado, nos levando a alçar novos e mais longos voos. O medo faz parte da nossa história e das nossas construções. Gosto de me aliar a ele, gosto da sensação de estar alerta, de manter-me conectada com as oportunidades, assim me sinto mais preparada para seguir em frente. Gosto de desbravar caminhos, abrir novas estradas e mudar meus ângulos de visão. O novo me faz bem, me conecta, me ressignifica, me conduz e me acalma.

Outro ponto importante abordado pela autora é como as perdas e a morte vão nos moldando ao longo do tempo. Temos contato com isso diariamente. Em meio à pandemia nos deparamos com uma ressignificação das perdas, da morte e dos medos. Tivemos que encarar diversos lutos como a perda de familiares, de amigos, de renda, do trabalho, de espaços conquistados, de posição social. Algumas dessas perdas são reais e outras, simbólicas. Aprendemos a dividir o tempo em momentos, em pílulas, e cada dia sobrevivido era mais um dia de vitória. Aprendemos a lidar com esses novos conflitos, com essas dores, com a quebra de uma rotina imposta. Essa nova realidade nos deu novos subsídios para criar um novo eu, carregado com novos valores e significados, que está disposto a encarar as dificuldades com uma outra maturidade. Nossa essência foi abalada e mudamos nossa forma de agir e pensar. Dessa mesma forma, os contos do livro nos fazem ver que as perdas fazem parte da vida; temos que aceitar para dar espaço para o novo.

Passamos por adaptações radicais no período da pandemia de Covid-19: fomos obrigados a abrir mão de nossos hábitos para criar novos, tudo para nos proteger. Mudamos nossa forma de trabalhar, de cuidar da casa, da família, dos nossos pais, de nós mesmas. Tivemos que nos reencontrar enquanto pessoas, enquanto sociedade, enquanto família. Uma evolução pautada pelo medo da morte, pela insegurança da contaminação, pela dúvida da sobrevivência e das sequelas deixadas por uma doença desconhecida, que chegou sem pedir licença e foi nos dominando.

Assim como essa grande batalha, que exigiu a força, o repensar e a criatividade de muitas pessoas, temos outras maiores ou menores que são só nossas. O isolamento social deu novos significados à nossa vida. Aprendemos a ficar sozinhos quando necessário, a olhar mais para nosso interior em busca de novas respostas, a trazer à tona nossa essência. Criamos coragem para mostrar quem realmente somos, do que gostamos e o que valorizamos. A solidão tem muito valor em nossa vida, mas só quem a compreende de verdade consegue tirar o máximo proveito dela. O autoconhecimento como parte fundamental na lida das nossas emoções foi muito difundido na pandemia, o que também é um dos temas centrais do livro.

Em 2013, já trabalhando há nove anos na empresa familiar, fui percebendo que o negócio da nossa família estava doente. Ele precisava de ajuda, assim como todos nós que estávamos envolvidos com ele. Sabia que meu conhecimento não era suficiente para nos conduzir; era necessária uma oxigenação, com novas estratégias e ideias que pudessem fazer a diferença. Nesse momento, nos foi indicado o sr. Agostinho Dalla Valle, que trouxe sua bagagem como profissional com atuação em grandes empresas, consultor de negócios e conselheiro. Junto com ele veio uma leitura obrigatória para entender melhor a situação que a nossa empresa estava vivendo e o que ela precisava fazer para se recolocar nos trilhos. O livro escrito pelo próprio Agostinho, *Turnaround – Virando o Jogo – da crise para a recuperação*, era uma receita do passo a passo que teríamos pela frente.

O objetivo principal do livro é aprofundar a discussão e gerar uma reflexão sobre a importância da abordagem estratégica quando as empresas estão entrando numa crise financeira e de gestão. O autor indica ferramentas de gestão, os métodos de recuperação financeira existentes e os mais apropriados. Além disso, dentro de uma visão mais humana, discute as mudanças organizacionais necessárias às empresas que se encontram em crise.

Não foi uma leitura fácil, pois a cada capítulo eu percebia o quanto estávamos precisando de ajuda. Mas que bom que ela havia chegado a tempo. O livro mexeu muito comigo, pois alguém precisava encabeçar as mudanças sugeridas e, naquele momento, a pessoa mais indicada e preparada para fazer isso era eu. Na página 148, Dalla Valle escreve:

> *Percebe-se que alguns pesquisadores veem a necessidade de líderes carismáticos para a mudança estratégica. Outros acreditam que se pode realizar essa tarefa com equipe de empregados.*

O que alguns pesquisadores citados pelo escritor afirmam é que

> *a dependência das organizações aos líderes carismáticos é decrescente e que há, de outro lado, um crescimento de equipes, e por isso, as organizações podem, com sucesso, executar mudanças estratégicas sem a orientação de um líder carismático.*

Todo processo de mudança gera muito desconforto, por uma questão muito simples: o que está sendo feito não é o suficiente para virar o jogo, então se torna necessário trabalhar mais, fazer diferente e mudar processos e pessoas que estavam enraizados. O fator mais crítico para o sucesso de uma mudança são as pessoas e, a meu ver, o papel do líder que constrói em conjunto. Ele auxilia na quebra dos modelos mentais existentes, entende o pensamento do grupo e ensina à equipe a importância de encontrar as soluções que atendam aos interesses de todas as partes – e isso é fundamental para atingir os resultados de curto prazo e estruturar os planos de longo prazo.

O líder à frente dessa mudança serve como farol de todo um grupo que se encontra cansado e frustrado no início do processo. O líder entra na terra arrasada e começa a ação. Precisa identificar quem soma à equipe e aqueles que a corroem, e vem a primeira grande decisão: cortar aqueles que não estão preparados para encarar e fazer a diferença na nova realidade. Selecionada a equipe, é preciso alinhar expectativas, deixar tudo pronto para o trabalho conjunto e de forma uníssona, pois não há margem para erros, os movimentos são cirúrgicos e precisos. Só muita atitude e transparência transformam uma equipe detentora de resultados ruins em uma equipe vencedora.

As mudanças organizacionais não são simples de fazer; normalmente, são processos demorados, exigindo resiliência por parte da equipe de frente. Também são estressantes, pois demandam repetição para criar o hábito em cada um e no grande grupo; e são complicadas por se tratarem de caminhos novos, nunca antes explorados, que necessitam de coragem e união da equipe.

Mas existe uma forma de conduzir e motivar a equipe vencedora. Afinal, eles são os propulsores da mudança, o que resulta em diferencial para suas carreiras e em satisfação profissional de ter implementado com sucesso a virada organizacional. Mudanças são parte integrante da vida dos executivos; elas nos conduzem à evolução, inovação e percepção de novas oportunidades, criando um círculo virtuoso e contínuo, com sua aceleração própria. O grande sucesso de uma mudança é a sua continuidade.

O maior desafio para gerar uma mudança organizacional é conseguir mudar as pessoas que dela fazem parte. O líder tem um papel fundamental no início das mudanças, mas o *turning point* acontece quando o grupo entende o quanto é imprescindível mudar. Conforme Dalla Valle:

> *Mudando-se as pessoas, mudam-se os valores comuns, os símbolos, as crenças do grupo e a cultura da corporação, proporcionando à equipe ganhos de competitividade.*

Os aprendizados deste livro me marcaram e me transformaram em uma nova profissional, além de uma pessoa muito melhor. As mudanças passaram a ser rotina e entendi que, com uma equipe saudável e bem-motivada, é possível fazer a diferença. Transparência e objetividade transformam o trabalho de modo enriquecedor, tornando as pessoas parte do processo e as desenvolvendo como agentes da mudança. Quando mostramos que mudar é passageiro, mas que faz parte e é um movimento constante – e que este é o valor mais importante –, se constrói uma nova cultura organizacional.

Entendi que a única coisa que não muda é a necessidade de mudar, e me tornei uma líder que está sempre à frente, olhando para o futuro e trazendo a equipe comigo. Hoje sinto o quanto cada uma dessas leituras foi impactante na construção da pessoa e da profissional que me tornei. Escolhi três livros dentre um universo que já apreciei: cada um me inspirou, me transformou e gerou sensações diferentes. Hoje sei que sou modelo e sirvo de inspiração para muitas pessoas, pelas quebras de paradigmas e escolhas feitas. Uma das que mais me orgulho é ter incluído o hábito de acordar mais cedo e dedicar uns minutos à leitura. Nem sempre consigo ler tudo o que gostaria, mas cada página que desfruto transforma o meu dia.

Livros citados

DALLA VALLE, Agostinho. *Turnaround: Virando o jogo, da crise para a recuperação.* Porto Alegre: Sulina, 2010.

ESTÉS, Clarissa Pinkola. *Mulheres que correm com os lobos.* Rio de Janeiro: Rocco, 1994.

ZDANOWICZ, José Eduardo. *Planejamento Financeiro e Orçamento.* Porto Alegre: Sagra Luzzatto, 2001.

Flicts, alma e tempo

Por Cecília Russo Troiano

Entre a frase que encerra o livro *Flicts* e aquela que o abre, *"Era uma vez uma cor muito rara e muito triste que se chamava Flicts",* teve muita dor, muito olhar para dentro, inquietação, coragem, persistência aos montes e uma imensa vontade de se conhecer. O *insight* de Flicts não foi mágico, aliás, como nada em nossas vidas costuma ser. É bem verdade que gostaríamos que um pó de pirlimpimpim resolvesse tudo, mas a nossa existência é bem mais complicada. O maravilhoso livro do Ziraldo, que em 2019 completou 50 anos de sua primeira edição, nos prova isso. Quando o li, devia estar recém-alfabetizada e nunca mais deixei de pensar em *Flicts,* no que ele me ensinou e no que ainda continua me ensinando. Flicts não buscou o caminho mais curto, ao contrário, foi um verdadeiro explorador. Buscou sua identidade por toda parte, no arco-íris, nas bandeiras do mundo, nas terras mais distantes e nas mais próximas. Um dia, sem pressa, sem atropelos, olhando para cima e esperando pacientemente a passagem das fases da Lua, descobriu: *"A lua é Flicts"!*

Se *Flicts* fez parte da minha infância, há pouco tempo conheci um outro livro infantil que me fez refletir sobre algo muito similar. O livro se chama *Vazio*, da autora espanhola Anna Llenas. *"Para você, para que encontre aquilo que anda buscando"* é como a autora abre o livro e já mostra o quanto a personagem do livro, Júlia, e Flicts estão sintonizados. De forma bem resumida, Júlia é uma menina que se vê entristecida de um dia para o outro, sentindo-se com um grande vazio, um buraco interno. Sabe aquela sensação que a gente tem em alguns dias, de buraco no estômago? É essa metáfora ilustrada que o livro traz. Aliás, a ilustração do livro é maravilhosa e mostra essa jornada da Júlia tentando de todas as formas preencher o buraco que ela sentia, olhando sempre para fora à procura de "tampas" que pudessem fechá-lo. Por vezes comia exageradamente, ou brigava com todos, buscava aprovação dos outros e outras vezes até se machucava. Mas o vazio aumentava mais e mais. Cansada de tanto buscar, um dia Júlia cai de tão triste, se silencia e é nesse momento de parada que ela ouve uma voz: *"Pare de procurar por aí e olhe para dentro de você..."*. Meio que ressabiada, Júlia começa a fazer essa viagem interna e é lá dentro dela mesma que descobre uma infinidade de cores, sons e sabores, mundos maravilhosos que ela já tinha e desconhecia. *"Era como estar em casa"*, foi assim que Júlia se sentiu, retomando a possibilidade de se sentir preenchida. Sim, há dias na vida de Júlia em que o buraco volta, aquela sensação esquisita no estômago ressurge, mas agora ela já sabe como entrar e sair do buraco, sem medo de ser sugada por ele.

Quem de nós já não se viu algum dia (ou em muitos dias), como Flicts e Júlia, que atire a primeira pedra! Mas para mim, hoje, o que mais me emociona nessas duas obras literárias é como Flicts e Júlia lidam com essa sua busca interna. Em nenhum momento me parece que eles estão apressados, querendo atropelar o tempo. Flicts e Júlia se permitem mergulhar nessa busca, dando tempo ao tempo, afinal, tudo tem seu tempo, certo? Talvez hoje em dia, nem tanto. Ambos resistiram ao tempo: mesmo sofrendo, algo dizia a eles para continuar procurando que, mais cedo ou mais tarde, alguma coisa aconteceria. E foi assim, com tempo, que um dia encontraram o que buscavam: Flicts encontrou a Lua e Júlia preencheu seu buraco.

E é sobre isso que quero falar neste artigo, sobre livros que me fazem pensar sobre o tempo, sobre essa nossa relação ora carinhosa, ora tensa, com o relógio físico ou mental que rege nossas vidas. Recentemente, concluí uma nova especialização, me permitindo um reencontro com a Psicologia, área com a qual eu havia tido pouco contato profissional desde quando saí da graduação na PUC. Foi assim que entre 2019 e 2021 voltei às salas de aula, a menor parte presencialmente e a maior parte na frente das telas, para me dedicar ao curso Jung e Corpo: Psicologia Analítica e Abordagem Corporal, no Sedes Sapientiae.

No último ano, eu precisava eleger um tema para minha monografia e, como sempre, optei por algo que fizesse sentido, antes de tudo, para mim. Foi assim que decidi estudar a vivência do tempo na pandemia e, para isso, precisei refletir sobre como a sociedade estava se relacionando com o tempo, antes de sermos atropelados pelo vírus. Essa imersão me permitiu olhar para minha própria vivência do tempo e ver o quanto minha vida sempre foi pautada por ele.

Desde pequena, me percebo como alguém que tenta desafiar o ritmo do tempo, brigando com ele para que se alargasse, como se isso fosse possível, e assim me permitisse que tudo o que eu quisesse fazer coubesse dentro dele. Uma memória vívida da infância que me ocorre é a de minha mãe me levando do balé para a natação e eu, agachada à frente do banco do passageiro, me escondendo para trocar de roupa dentro do carro – acho que era um Fusca. Saía a roupa de balé e entrava o maiô de natação, ali mesmo no caminho, economizando o tempo da parada no vestiário. Queria encaixar no pouco tempo as muitas atividades que me propunha fazer. E lembro-me bem de que era eu quem queria estar em todos esses lugares, não algo imposto por meus pais, pelo menos conscientemente, como se vê muito em rotinas de crianças que mais parecem agendas de executivos. De certa forma, desde pequena, eu acelerava, esticava e desafiava o tempo. Eram falas recorrentes do meu vocabulário: "eu consigo" e "vai dar tempo".

Corto a cena e avanço uns 40, 45 anos. Vejo-me ainda essa mesma menina que se troca no carro entre uma atividade e outra. O tempo cronológico avançou, mas a vivência interna do tempo, o "meu" tempo, segue no mesmo lugar onde sempre esteve. Parado, intocável, estático, por vezes muito acelerado. Tenho a sensação, com certeza uma ilusão, de deter poderes para dominar o tempo. Comigo fica a consciência de quão onipotente isso deve ser, mas sempre caio na mesma armadilha e me vejo presa nas redes do tempo e tentando me desvencilhar dela. Desta luta não saio sempre vitoriosa, muitas vezes sou vencida (ou convencida) pelo tempo. "Cada coisa a seu tempo" é uma fala que pouco me toca. Na maior parte das vezes, me vejo iludida, na esperança de que seja possível alargar o tempo.

Em 2007, publiquei meu primeiro livro – *Vida de Equilibrista: dores e delícias da mãe que trabalha* –, abordando a temática do gerenciamento da vida entre maternidade e trabalho. Mesmo apoiado em pesquisa com 700 mulheres e com opiniões de vários profissionais, o livro teve uma boa dose autobiográfica, sem que isso tenha sido minha intenção inicial, ao menos conscientemente. Mas, hoje, é muito óbvio que minha escrita foi uma forma de olhar para minha própria maneira de gerir o tempo. Aliás, a capa do livro faz alusão aos múltiplos pratinhos que as mulheres giram ao mesmo tempo, tentando equilibrar as demandas da vida cotidiana: casa, trabalho, casamento, filhos, amigos, corpo, família etc. Após esse livro, os outros dois que vieram na sequência, *Aprendiz de equilibrista: como ensinar os filhos a conciliar família e trabalho* (2011) e *Garotas Equilibristas: a jornada de felicidade das jovens que estão chegando ao mercado de trabalho* (2017), também tecem reflexões sobre o gerenciamento do tempo e escolhas em nossas vidas, em diferentes momentos.

Voltando a pensar nos livros que foram importantes em minha vida, noto que oscilam entre espaços de tempo bem distantes um do outro. De forma direta ou indireta, eles falam sobre a vivência do tempo. Como nada é coincidência, faz muito sentido tê-los escolhido nesta fase da minha vida. Hoje, mesmo atribulada com trabalho, a maturidade me faz pensar no tempo. Deve ser coisa para quem tem mais de 50 anos... Mas, como sempre é tempo, embarco com prazer nesta jornada!

> *Tudo tem o seu tempo determinado, e há tempo para todo o propósito debaixo do céu. Há tempo de nascer, e tempo de morrer; tempo de plantar, e tempo de arrancar o que se plantou... Tempo de buscar, e tempo de perder; tempo de guardar, e tempo de lançar fora; Tempo de rasgar, e tempo de coser; tempo de estar calado, e tempo de falar;* [1]

A Bíblia também não deixa de ser um livro marcante em minha vida; mesmo não sendo uma católica exemplar, como cristã, vários temas de nossas vidas passam por lá. No livro bíblico de Eclesiastes, centenas de anos antes de Cristo, a preocupação com o tempo já se mostrava para a humanidade. Ao longo da história, o tempo sempre foi um marcador da sociedade, com diferentes entendimentos. Milhares de anos depois, a internet chegou ao mundo por volta dos anos de 1990 e com ela experimentamos uma nova relação com o tempo, sem divisões nem espaços privilegiados – tempos de plantar e de colher se embaralham. O digital e as facilidades de conexão criaram uma fantasia do alargamento das horas e da sobreposição de atividades. É como se Chronos, deus do tempo, tivesse sido raptado e torturado até ser capaz de ampliar nossas 24 horas do dia. Esse parece ser o desejo de muitos: viver a ilusão do esticamento do tempo. Aceleramos nossas vidas em muitos sentidos e em vários campos. Cada vez mais cedo buscamos saber o sexo do bebê, não nos permitindo fazer essa descoberta apenas após o nascimento. Crianças são alfabetizadas, em alguns casos em duas línguas, na fantasia dos pais de que "quanto antes melhor, mais preparados estarão para o mundo". Também aceleramos a velocidade dos audiolivros ou de filmes no *streaming*, para consumir mais em menos tempo. Viagens e excursões propõem a visita a dez países em dez dias; e dietas milagrosas prometem a perda de 20 quilos em menos de dois meses. Até nossas doenças, físicas ou emocionais, precisam ser sanadas o mais rapidamente possível. A intensa medicalização encontra terreno fértil na busca pelo tempo comprimido. Nos processos terapêuticos, principalmente pacientes que chegam pela primeira vez aos consultórios, é comum perguntarem: "quanto tempo vai levar?". A pergunta já vem embutida com um desejo de efeito rápido, de uma emergência de se livrar de qualquer dor emocional, sem antes digeri-la.

---

[1] ECLESIASTES, 3,1-2. 6-7.

E tivemos, há não muito tempo, mais uma aceleração que se instalou: podemos agora dobrar a velocidade das mensagens do WhatsApp para ouvi-las em menos tempo. A fantasia que move toda essa aceleração é a lógica do mundo contemporâneo: não há tempo a perder.

Se a pós-modernidade traz a ideia da aceleração e encurtamento do tempo, Byung-Chul Han, filósofo nascido na Coreia do Sul e radicado desde a década de 1990 na Alemanha, tem sido um dos pensadores mais críticos desse modo de viver da sociedade atual. Descobri-o em uma pequena livraria na sala de cinema do Itaú, na Rua Augusta, há alguns anos. Naquele delicioso passeio vasculhando livros, algo que se torna cada vez mais raro, me vi atraída pelo título do livro – *Sociedade do Cansaço*. Foi identificação imediata, eu mesma me reconhecendo como um ser bem ativo dessa tal sociedade:

> *A sociedade do século XXI não é mais a sociedade disciplinar, mas uma sociedade do desempenho... A sociedade do desempenho e a sociedade ativa geram um cansaço e um esgotamento excessivos. Esses estados psíquicos são característicos de um mundo que se tornou pobre em negatividade e que é dominado por um excesso de positividade....o excesso da elevação de desempenho leva a um infarto da alma.*[2]

Han discute a ideia de que vivemos hoje uma era do desempenho, que veio a ocupar o lugar da sociedade disciplinar (p. 23). Neste ambiente, a cobrança por desempenhar, produzir e performar domina mentes e corpos. Sem limites e sem espaço para o impossível, Han acredita que a sociedade está doente, vivendo a serviço do excesso de positividade. O resultado são indivíduos esgotados e enfermos, hiperativos e sofrendo com distúrbios psíquicos, como síndrome do *Burnout* e depressão. Não à toa o *burnout* passou a ser considerado uma doença do trabalho pela OMS (Organização Mundial da Saúde). Virou uma enfermidade da pós-modernidade como Han coloca, não mais uma enfermidade bacteriológica, encerrada com a invenção dos antibióticos, mas neuronal (p. 7).

Toda essa discussão que Han traz bate muito forte em mim. Equilibrando tantos pratinhos, visto a carapuça do desempenho, com todos os ônus e bônus que

---

[2] HAN, Byung-Chul. *A sociedade do cansaço*. p. 70-71.

vêm com ela. Por um lado, claro, há um sentimento em mim de vitória por ser capaz de gerenciar tantas coisas e executá-las até certo ponto bem. Por outro, claramente atropelo o tempo, exigindo de mim e de quem está próximo esse mesmo *pace*. Imediatamente me vem *Flicts* à cabeça e seus ensinamentos. Não seria melhor explorar calmamente? Olhar mais para dentro do que para fora? Será que consigo acelerar e ao mesmo tempo cuidar do que importa? Ainda não tenho respostas e sigo lendo...

Após o primeiro livro de Han a que tive acesso, fui atrás de outros do mesmo autor e descobri que éramos um bom *match*. Lê-lo, para mim, é uma forma de dar espaço a essa inquietação sobre nossa (e muito minha, claro) forma de viver da pós-modernidade. Em 2021, Byung-Chul Han lançou o livro *Sociedade Paliativa, a dor hoje,* onde emprega o termo paliativo para demonstrar o quanto almejamos viver com um corpo analgesiado, que fica alheio às dores do corpo, em um estado permanente de anestesia. Para ele, a prevalência de vivermos constantemente em um estado de puro prazer, de sermos movidos pela quantidade de *likes* e pela vida ter se tornado "instagramável" moveu a sociedade para um estado de aversão à dor, ao qual ele se refere como algofobia – a angústia generalizada diante da dor (p. 10). Neste ambiente, qualquer negatividade deve ser evitada e a busca é recorrer a todas as ferramentas que proporcionem o polo oposto: a positividade. As duas sociedades, denominadas por Han como a sociedade do cansaço e a sociedade paliativa, estão conectadas de alguma forma. O desempenho pede indivíduos fortes, anestesiados e em estado de prontidão para atuar, duas condições que são incompatíveis em um corpo acometido pela dor. Não à toa vemos o crescimento da medicalização, em especial relacionada à saúde mental. É preciso eliminar a dor – e rápido. O corpo pós-moderno não aceita a dor, muito menos uma dor prolongada. Com base no pensamento de Heidegger, Han afirma que a dor é uma disposição fundamental da finitude humana. Se fosse assim, estaríamos nós fugindo do tempo da dor para alargar o tempo de vida? Este questionamento que faço parece ecoar com as palavras que encerram este livro de Han:

> *[...] morte e dor são inseparáveis. Na dor, antecipa-se a morte. Quem deseja eliminar toda a dor também terá que acabar com a morte. Mas a vida sem morte e dor não é uma vida humana, mas sim morta-viva. O ser humano se desfaz a fim de sobreviver. Ele alcançará, possivelmente, a imortalidade, mas ao custo de sua vida.*[3]

Se falar de tempo é também falar de morte, um dos livros que mais mexeram recentemente com minha vida e a de todos que acompanharam a morte do meu pai, em 2019, foi *A morte é um dia que vale a pena viver*, da médica Ana Claudia Quintana Arantes. É curioso lembrar que comprei o livro por indicação de uma amiga, mas ele ficou hibernando na estante por um bom tempo. Não por falta de tempo para lê-lo, mas por falta de espaço dentro de mim para o turbilhão emocional que ele me traria. Como tudo tem seu tempo e nada é coincidência, fui lê-lo no tempo certo, a tempo de contar com o dr. Henrique Giglio, da equipe da dra. Ana Claudia, como anjo da guarda de meu pai.

> *O que separa o nascimento da morte é o tempo. A vida é o que fazemos dentro desse tempo; é a nossa experiência. Quando passamos a vida esperando pelo fim do dia, pelo fim de semana, pelas férias, pelo fim de ano, pela aposentadoria, estamos torcendo para que o dia da nossa morte se aproxime mais rápido. Dizemos que depois do trabalho vamos viver, mas esquecemos que a opção ´vida´ não é um botão ´on/off´ e que a gente liga e desliga conforme o clima ou o prazer de viver. Com ou sem prazer, estamos vivos 100% do tempo. O tempo corre em ritmo constante. A vida acontece todo dia e poucas vezes as pessoas parecem se dar conta disso.[4]*

Com dr. Henrique e dra. Ana Claudia aprendi, em um momento difícil da minha vida, o respeito ao tempo da vida. A medicina paliativa, aliás, a mesma palavra usada por Han com conotação negativa, aqui traz a ideia de dar conforto sem acelerar nem retardar o tempo. Hoje, refletindo sobre essa escrita, volta-me à memória a vivência daquele momento, que foi de dor, mas também de tranquilidade pelo respeito ao tempo do meu pai. Poucas vezes na vida sabemos respeitar o tempo do nosso corpo e o colocamos nessa mesma pressão pelo desempenho. Que bênção ter lido esse livro no tempo certo!

Pensando sobre isso, acho que Flicts encontrou a Lua no momento justo e exatamente por se permitir desfrutar a vida, sem atropelos. Ele não teria se encontrado com a Lua se quisesse encurtar o caminho fazendo atalhos, poupando-se de algum sofrimento em prol da resposta rápida. Sobre isso, mais um autor que tive o privilégio de conhecer nesse meu retorno à Psicologia, James Hill-

---

[3] HAN, Byung-Chul. *A sociedade paliativa: a dor hoje.* p.115.

[4] ARANTES, Ana Claudia Quintana. *A morte é um dia que vale a pena viver.* p. 70.

man (1926-2011), me cativou. Para muitos, ele é o maior pensador pós-junguiano, criador do que passou a se chamar de Psicologia Arquetípica. Hillman abandona alguns conceitos-chave para Jung, e propõe o *in anima*, ou estar na alma, como um dos pilares de seu pensamento, sendo "cultivo de alma" uma de suas expressões mais marcantes. Cultivar a alma, para Hillman, é explorar as imagens que emergem do inconsciente, revisitá-las, olhá-las como personagens de uma narrativa ficcional; é assim, acima de tudo, um exercício que pede tempo. Não há como acelerar o fazer alma, é preciso descer nas suas profundezas, explorar os diferentes ângulos, sem pressa. O fazer alma pede um trabalho de construção que obedece a seu próprio tempo e que acontece nas profundezas, no mundo das trevas, nos vales, e não nos picos. Acelerar esse processo é perder a alma. Hillman revela não só sua escrita, mas, também, seu modo de pensar, mais atrelado à ótica kairológica da alma, em detrimento da cronológica. Ou, em uma linguagem mais adequada ao raciocínio que venho fazendo: o que Hillman prega é que tenhamos mais a alma de Flicts para nos permitirmos saborear e explorar o tempo. A resposta certa, encontrar a "lua" de cada um de nós, depende disso.

Para fechar minha série de livros, recorro à psicóloga junguiana Verena Kast, que traz essa ideia de culto ao tempo já no título de seu livro: *A alma precisa de tempo.* Também em uma clara crítica à sociedade pós-moderna, Kast coloca que a vida apressada do lado de "fora" exige que nosso tempo interno também seja acelerado – ritmo que contraria as exigências da alma, levando-a à sua marginalização. A necessidade de precisarmos "funcionar" e sermos bem-sucedidos de forma rápida coloca nosso mundo interior em segundo plano. É assim, apressados e pressionados pelo tempo, pela busca de desempenho, que perdemos o vínculo entre a natureza interior e exterior: *"o convívio com os sentimentos que estabelecem um contato conosco mesmos, com o corpo, com a psique, com os próximos e também com o mundo em geral precisa de tempo"*[5]. A consequência, segundo ela, são respostas dadas por nossa psique, evidenciadas quando não aguentamos mais ou quando nosso corpo adoece, em uma clara demonstração de descompasso entre os tempos internos e externos. A autora defende a maior contemplação das coisas, a fim de transformar eventos em experiências e, assim, permitir que sejam assimiladas e não atropeladas. De forma metafórica, parece que Kast pede para sermos mais peregrinos que se

---

[5] KAST, Verena. *A alma precisa de tempo.* p. 11.

encantam com a jornada da alma do que turistas, que apenas passam por ela, tiram fotos apressadamente e não abrem espaço para sentir aquele momento. Nas palavras de Kast, *"o objetivo não é desacelerar, mas desapressar, ou seja, abrir mão da velocidade supérflua"*[6]. Estão aí, novamente, Flicts e Júlia para nos lembrar disso.

Sempre acho que não há como escrever sem que a escrita gere algum tipo de eco em nós mesmos. Quem me conhece sabe o quanto vivo me debatendo com o tempo, ora refém da sociedade do desempenho, ora tentando fazer alma e viver mais no *Flicts mode*. A escolha dos livros que citei revela esse passeio sobre reflexões que venho fazendo sobre minha própria vida. Voltando ao tempo da pandemia, reconheço que fui muito privilegiada, principalmente por não ter contraído o vírus, mas também pela chance de ter passado parte do isolamento em minha casa fora de São Paulo, parte no apartamento na cidade. Ter essa vida híbrida me permitiu abrir um novo tempo, já que a casa fora de São Paulo, em Aldeia da Serra, foi o lugar onde vivi por quase 20 anos, com meu marido e nossos filhos. Estar na "casa amarelinha", como meus filhos a chamavam, foi revisitar as lembranças que lá vivemos, "reencontrar" meus filhos quando ainda pequenos e as histórias que marcaram a minha vida e a de minha família.

Mesmo atribulada com trabalho, casa e vida profissional, abri espaço para essa viagem. A casa amarela serviu como um túnel do tempo, uma viagem ao passado e ao projeto de futuro que se abria. Revisitei espaços da casa, mas também espaços internos da minha alma, afinal, como Kast nos ensina, a alma precisa de tempo. Não digo que a pandemia me permitiu desprender-me do tempo e geri-lo de forma mais amigável. Mas, certamente, trouxe a consciência cristalina de que preciso, nessa fase da vida, rever a priorização dos meus tempos e abrir espaço para o nada. Esse ajuste dos ponteiros internos foi a lição mais valiosa que tirei para minha vida pessoal ao longo desses meses. Voltando à metáfora dos pratinhos, a pandemia me deu oportunidade de revisar os pratinhos, discriminá-los e até de jogar alguns fora, abrindo mais espaço para mim: espaço para o nada ou para o tudo, a depender do ponto de vista. Que tenhamos a coragem que Flicts teve de dar tempo ao tempo para encontrar a Lua e possamos nos reencontrar com nós mesmos, sem pressa.

---

[6] KAST, Verena. *A alma precisa de tempo*. p. 110.

Livros citados

ARANTES, Ana Claudia Quintana. *A morte é um dia que vale a pena viver.* São Paulo: Oficina do Livro, 2018.

ECLESIASTES 3. *In: Bíblia Online. [*S.l.]: [S.d.]. Disponível em: https://www.bibliaonline.com.br/acf/ec/3. Acesso em: 15 ago. 2021.

HAN, Byung-Chul. *A sociedade do cansaço.* Petrópolis: Vozes, 2015.

HAN, Byung-Chul. *A sociedade paliativa: a dor hoje.* Petrópolis: Vozes, 2021.

HILLMAN, James . *Re-vendo a Psicologia.* Petrópolis: Vozes, 2010.

HILLMAN, James. *O sonho e o mundo das trevas.* Petrópolis: Vozes, 2013.

KAST, Verena. *A alma precisa de tempo.* Petrópolis: Vozes, 2016.

LLENAS, Anna. *Vazio.* São Paulo: Moderna, 2018.

TROIANO, Cecília. *Vida de Equilibrista: dores e delícias da mãe que trabalha.* São Paulo: Cultrix, 2007.

TROIANO, Cecília. *Aprendiz de equilibrista: como ensinar os filhos a conciliar família e trabalho.* São Paulo: Generale, 2011.

TROIANO, Cecília. *Garotas Equilibristas: o projeto de felicidade das jovens que estão entrando no mercado de trabalho.* São Paulo: Pólen, 2017.

ZIRALDO. *Flicts.* São Paulo: Melhoramentos, 2019.

Mundo fantástico e as aventuras da realidade

Por Dafne Cantoia

Sou uma pessoa que cresceu cercada por livros. Como filha de bibliotecária, minhas lembranças de infância têm como pano de fundo muitos ambientes com prateleiras abarrotadas e páginas amareladas. O primeiro livro que li era uma aventura, chamava-se *A Mina de Ouro* , escrito por Maria José Dupré, pertencente à saudosa Coleção Vagalume, e contava a história de um grupo de amigos que se perdeu em uma excursão ao Pico do Jaraguá. Já denunciando um hábito que mantenho até hoje, esse com certeza foi o livro que mais reli na vida, pois terminava a história e dias depois eu começava novamente, com o mesmo entusiasmo.

Sempre tive uma queda pelas grandes aventuras. Na minha adolescência, nos anos 2000, quando era moda ler romances açucarados, eu os trocava de bom grado por um calhamaço de páginas detalhando guerras inventadas e sociedades ficcionais complexas. Nessa fase complicada – em que somos expostos às primeiras tristezas, desilusões, crueldades da vida –, percebi que minha conexão com os livros se fortaleceu. As personagens de ficção foram minhas melhores amigas, minha fonte de inspiração, pois, mesmo com a vida real não sendo tão gentil, elas me ajudavam a me sentir um pouco mais acolhida. Viver no meio de elfos, bruxos, fadas e centauros era meu jeito favorito de passar as horas e, até hoje, sinto que encontro uma forma de lar ao mergulhar nesses universos e me reencontrar com esses amigos tão queridos.

Por esse motivo, ao receber o convite para escrever sobre um livro que me inspirou e participou da minha vida, decidi ser fiel ao que realmente faz meu coração disparar. Seria até mais elegante, talvez, falar sobre algum autor romântico brasileiro, dos quais gosto muito, ou até sobre alguma tragédia shakespeariana que, vira e mexe, habita em minha cabeceira. Mas, para ser verdadeira com o que de fato me apaixona e faz ficar horas perdida em meio às páginas e, principalmente, me ajudou a ser uma pessoa mais forte, é para a fantasia que eu me direciono. Ler fantasias nos permite sair do nosso mundo rotineiro, nos obriga a usar a mente para imaginar personagens, lugares, vozes, traços. Nos obriga a sair do lugar comum, a sair do automático cotidiano e adentrar mundos completamente novos.

Decidida que falaria de fantasia, já instantaneamente me deparei com mais um desafio. Qual dos universos que foram meu lar por esses anos eu escolheria? A alta fantasia hoje é uma vertente literária muito produtiva, impulsionada pela cultura *pop* e pelas produções televisivas e cinematográficas. Poderia escolher relatar os anos e anos que passei imersa nos corredores de Hogwarts, lugar que amo tão profundamente que até tatuei na pele. Poderia também relatar as semanas passadas em Nárnia, os meses observando a Guerra dos Tronos de Westeros, ou até as horas mágicas no País das Maravilhas. Pensei muito, e senti que devia dedicar esse relato ao meu mundo favorito entre todos esses, aquele em que, se formos pensar, foi o pontapé inicial da literatura fantástica como conhecemos hoje. Escolhi falar de *O Hobbit*, de J.R.R. Tolkien, o primeiro livro de sua obra e mitologia que é um marco na literatura inglesa.

A história conta a aventura de um pacato *hobbit* que sai de sua casa confortável e cheia de prazeres para enfrentar os mais diversos desafios, conhecer novos lugares e ajudar um grupo de anões a recuperar um tesouro perdido guardado por um dragão. É um livro infanto-juvenil em essência, mas que nos introduz em um universo absurdo de detalhes ao descrever toda a complexidade que é a Terra Média, onde serão também contadas as histórias da trilogia *O Senhor dos Anéis*.

> *Eu escolhi o Sr. Bolseiro e isto deve ser o suficiente para todos vocês. Se eu digo que ele é um ladrão, isso é o que ele é, ou será quando chegar a hora. Existe muito mais nele do que vocês podem imaginar, e muito mais do que ele mesmo possa ter ideia.[1]*

A aventura de Bilbo Bolseiro, o nosso *hobbit* e personagem principal, se conecta com alguns aspectos da minha vida, como eu enxergo o mundo e até de como eu sou. A começar pelo tipo de criatura que ele é: um *hobbit*. Hobbits são criaturas bem pequenas, com pés enormes e peludos, que vivem em casas confortáveis e bem equipadas. São pacatos, tranquilos, gostam de grandes refeições e de fumar seus cachimbos de ervas. Eles não seriam importantes nos livros de história, não são os mais fortes, não são os mais inteligentes e não são aventurescos. Grandes desafios não combinam com os *hobbits*. Já de cara me identifiquei com essas criaturinhas – afinal, com meu 1,55 m de altura, ser pequena é uma das minhas características físicas mais marcantes, e confesso que nunca fui muito fã de sair da minha zona de conforto. Mas, para além do aspecto físico, ser um *hobbit* é sempre fazer o que se espera dele. É ter um pla-

---

[1] TOLKIEN, J.R.R. *O Hobbit*, p. 18.

no e gostar da estabilidade que ele oferece. Querer ter segurança e viver uma vida pacata é o que a maioria dos *hobbits* têm em comum.

Sabemos que, como em toda aventura, essa estabilidade é quebrada e Bilbo se envolve em uma jornada que não é inicialmente sua, mas que será transformadora para ele em todos os sentidos. O *hobbit* é oferecido ao grupo de anões como alguém que poderá ser útil na missão e que tem as habilidades certas para agir na hora que for preciso. Só que, para Bilbo, esse papel não lhe cabe. Ele não acredita que tenha a capacidade de ser útil para aquele grupo, e por mais que no fundo ele deseje experimentar coisas novas e respirar outros ares, ele se retrai e quase desiste de acompanhá-los.

Se eu contasse todas as vezes que me senti como Bilbo, teria que escrever um livro inteiro só sobre isso. A sensação de não estar apta para as aventuras da vida é muito constante em mim; são muitas as vezes que acordei e pensei que eu não era boa o suficiente para a minha escola, para estar na faculdade que escolhi, para exercer minhas funções no trabalho. A dúvida sobre minha própria capacidade sempre pairou solta na mente e por muitas vezes, ao me deparar com qualquer chamado para alguma "aventura", só desejei voltar à minha "toca de *hobbit* dos meus pensamentos" e aproveitar o conforto aconchegante que ela me proporciona.

Acredito que esse seja um traço comum às pessoas da minha geração. Somos bombardeados todos os dias com histórias de sucesso, vidas perfeitas e instagramáveis, uma verdadeira avalanche de felicidade e conquistas na internet. É muito fácil se ver em uma espiral de dúvidas e de medo por não estar no mesmo lugar que seus colegas. É muito estranho ver tantos acontecimentos como viagens, novos negócios, famílias, conquistas na vida de todos, e por muitas vezes pensar que algo estava errado comigo por não conseguir alcançar os mesmos feitos deles na mesma velocidade. É mais estranho ainda perceber que, tantas e tantas vezes, eu mesma diminuí minhas conquistas ou duvidei das minhas escolhas pensando que as coisas e os lugares aonde cheguei foram por sorte, ou foram acasos do destino e não de fato mérito meu, assim como Bilbo.

...o hobbit sentiu agitar-se dentro de si o amor por coisas belas feitas por mãos, com habilidade e com mágica, um amor feroz e ciumento (...) Então

alguma coisa dos Tûk despertou no seu íntimo, e ele desejou ir ver as gran-
des montanhas, e ouvir os pinheiros e as cachoeiras, explorar as cavernas e
usar uma espada ao invés de uma bengala.[2]

Assim como na ficção, a vida não permite que a gente fique em nossas confortáveis tocas para todo o sempre. As aventuras que me foram dadas viver podem não ter sido assim tão incríveis quanto as vividas por Bilbo na bela Terra Média, mas aqui na vida real também tive meus chamados e, assim como ele, aprendi com a jornada muito daquilo que me faz ser quem sou hoje.

Tal qual Bilbo, tive a oportunidade de sair da minha zona de conforto, ainda que mantendo todos os questionamentos sobre mim mesma e sobre minhas capacidades. Nasci, fui criada e ainda moro na Zona Leste de São Paulo, um lugar que eu amo e pelo qual tenho muito carinho, mas que infelizmente ainda está longe de oferecer as principais oportunidades de desenvolvimento. Por isso, desde a época da escola, sou acostumada a sair de lá todos os dias em busca de um ensino melhor, de oportunidades de trabalho mais prósperas. Morar em uma área periférica e ter uma origem menos favorecida obriga o indivíduo a ser mais persistente e também, de certa forma, a se esforçar mais para provar o seu valor. Estar distante dessas oportunidades coloca pedras adicionais no caminho, porém sinto que isso também contribuiu para a formação do meu caráter.

Longe de mim começar um discurso sobre meritocracia, afinal, acho mais fácil acreditar em dragões do que nela. É importante notar, porém, que as dúvidas e os questionamentos que tenho sobre mim mesma, aqueles que me assolam, assim como assolam Bilbo em sua história, são reflexo das mesmas dúvidas que o mundo tem sobre mim e sobre os jovens que compartilham da mesma origem que a minha. Ter estudado em escola pública no Ensino Médio, por exemplo, me coloca em uma caixa de expectativas um pouco menores do que para outras pessoas, involuntariamente. Ser um *hobbit* traz pra Bilbo uma dificuldade em provar o seu valor, e toda sua jornada também é uma forma de se fazer valer em seu mundo. Talvez me manter no meu bairro, na minha comunidade segura e familiar, fosse o mais fácil, o esperado. Mas, como Bilbo, algo em mim deseja conhecer e explorar as pequenas aventuras

---

[2] TOLKIEN, J.R.R. *O Hobbit,* p. 15.

que estão ao meu alcance e, também como ele, sei reconhecer os privilégios que tive para sair, nem que seja um pouco, da caixa em que me colocavam.

A jornada do pequeno *hobbit* nos leva para dentro da Terra Média, apresentando com detalhes muito específicos as suas paisagens e a sua mitologia. Já no primeiro terço do livro, Bilbo é testado em sua coragem e inteligência ao enfrentar três *trolls* carnívoros e, muito astutamente, livra seu grupo de amigos fazendo com que os *trolls* virem pedra apenas conversando com eles tempo suficiente para que o sol nascesse e completasse o encantamento. Mais à frente, ao se perder de seus amigos dentro de uma montanha, Bilbo encontra uma criatura nojenta e esquisita, Gollum, que barganha com ele o caminho de saída da montanha. Numa aposta, Bilbo e Gollum se enfrentam em um jogo de adivinhas e, num ato esperto, Bilbo pergunta para a criatura o que tinha em seu bolso. Logicamente, ela perde a aposta, levando, contrariada, nosso herói para o caminho de volta.

Apesar de ser um recurso excessivamente utilizado na ficção, sempre me entreteve essa ideia de histórias que têm como protagonistas pessoas simples, que, em um primeiro momento, não oferecem características heroicas ou algum dom indiscutível para que vivam suas aventuras. São criaturas comuns, que, se não lhes fosse dada a oportunidade de embarcar em jornadas épicas, levariam vidas medianas e normais. E quando já estão envolvidas em suas aventuras, valores morais como a inteligência, a coragem e a bondade são seus verdadeiros diferenciais para enfrentar os desafios. Esse é o preceito cíclico da Jornada do Herói, criada por Joseph Campbell, inspirado por muitos pensadores como Aristóteles e Freud. Esse recurso narrativo nos mostra a ideia de um herói que sai de seu mundo comum, passa por uma série de enfrentamentos de desafios para chegar a uma mudança e retornar para seu lugar de origem completamente transformado.

Acredito que sempre busquei pautar a minha vida e minhas escolhas pelos meus valores morais. Nunca considerei que eu tivesse um talento muito extraordinário, nem alguma habilidade fora do comum. Mas sei que sou uma pessoa justa, sincera e esperta – no melhor sentido da palavra. E tudo isso talvez não me faça ser o destaque dos lugares onde eu passe ou não me habilite a ser a grande heroína de uma história, mas já me fez tomar decisões das quais hoje tenho muito orgulho e que me fazem pensar em minha trajetória, a que já passou e a que ainda está por vir, como uma jornada digna e feliz.

> *Voltar?, pensou ele. Não adianta nada! Ir para os lados? Impossível! Ir em frente? A única coisa a fazer! Adiante, então!*[3]

Como em toda boa aventura, existe sempre um antagonista. Um inimigo a ser derrotado no final, o grande desafio, aquele que impulsiona a tomar as decisões, a enfrentar seus medos, a ser corajoso. Ao final da sua jornada, Bilbo precisou enfrentar o dragão Smaug, o indestrutível, que tomou posse do tesouro dos anões e ameaçava dizimar a vila vizinha à montanha.

Em 2019, fui diagnosticada com lúpus, uma doença autoimune que faz com que meu próprio corpo produza anticorpos que atacam células saudáveis, trazendo várias consequências ao corpo e à mente. Não vou entrar em muitos detalhes aqui sobre como foi a descoberta, todas as intercorrências de saúde e as coisas com que tive que lidar relacionadas a isso, afinal, não é o objetivo e, atualmente, estou medicada e há algum tempo já na fase de remissão da doença. Mas trouxe esse diagnóstico para este relato, pois, de certa forma, foi um período da minha vida marcado pelo medo, pelas incertezas, em que mais uma vez traço um paralelo entre a história de Bilbo e a minha. O lúpus é um dos meus vilões principais, é meu dragão na montanha, um dos desafios a serem enfrentados.

Ter uma doença crônica é estar sempre em estado de alerta. Uma ameaça fica à espreita, esperando um deslize para agir. Uma doença silenciosa é ainda mais alarmante, já que ela pode iniciar uma batalha sem deixar vestígios naquele momento, e só se percebe o problema depois de certo avanço. Descobrir o lúpus foi um baque para mim, e aquele sentimento de dúvida e inaptidão reapareceu com força. Estar à mercê de uma doença autoimune vem com uma carga emocional muito forte, afinal, não é nenhum agente externo que provoca o mal, nem uma ação aleatória que exige lidar com a adversidade. É você contra você mesmo, seu corpo atacando e tentando se defender ao mesmo tempo. É um nível de batalha interna muito profundo, e aceitar essa condição com certeza tem sido desafiador.

---

[3] TOLKIEN, J.R.R. *O Hobbit*, p. 70.

Para enfrentar o dragão Smaug, Bilbo e seus amigos anões usam estratégias diversas. O plano principal: achar um ponto fraco onde seria possível atingir o dragão com uma lança ou uma flecha, e dizimá-lo. O papel de Bilbo é procurar esse ponto fraco e, com sua esperteza, se engaja em uma conversa com o dragão. Por fim, depois de algumas idas e vindas, com ajuda dos moradores da vila ao lado da montanha, o dragão é derrotado com uma flecha que atravessa o lado esquerdo do seu peito.

> *– Nunca se ri de dragões vivos, Bilbo, seu tolo! – disse ele consigo mesmo, e esse tornou-se mais tarde um de seus ditados favoritos.[4]*

Derrotar o vilão é a conclusão ansiada na maior parte das histórias. É a recompensa final que o leitor e as personagens ganham depois de passar por tantos percalços. Pensando na minha trajetória, e na vida como um todo, acredito que o que separa a realidade da ficção reside aí, para além das diferenças práticas, como o fato de *hobbits* e dragões não existirem. Na nossa vida, os vilões, as vitórias e derrotas vão acontecendo sem nem percebermos que de fato aquele momento pode ser uma aventura. Quando fui diagnosticada, não conseguia enxergar como seria possível derrotar esse vilão, parecia ser uma guerra perdida. Mas, com o tempo, percebi que cada dia em que permaneci saudável e com a doença controlada foram dias de batalha vencida.

Talvez por isso, reconheço que a ficção e as grandes aventuras são meus tipos de histórias preferidos. Ver essas personagens em suas jornadas e em suas batalhas internas faz com que a gente possa enxergar de uma forma diferente a nossa própria vida. É um jeito de fazer com que o dia seja menos tedioso, que o caminho seja menos morno. É também reconhecer conflitos humanos aparentemente banais nas problemáticas exploradas nessas histórias. Como me deixa feliz ver personagens que erram, que duvidam de si, que se precipitam e que se enganam. Tudo isso as torna tão próximas de nós que, mesmo em um mundo com dragões, elfos e florestas encantadas, o maior aprendizado e a maior aventura de todas são aprender a ser humano, na forma mais filosófica da palavra.

Entendo que *O Hobbit*, para mim, é muito mais que uma história de aventura.

---

[4] TOLKIEN, J.R.R. *O Hobbit*, p. 221.

Foi, e continua sendo, uma jornada de autoconhecimento sobre o seu valor, e sobre o seu verdadeiro lugar no mundo. Ver Bilbo passar por todas as etapas de sua aventura e se tornar um *hobbit* mais preparado, confiante, e tomar para si o protagonismo da própria trajetória é sempre uma inspiração que levo com um carinho enorme. Bilbo volta para casa, para seu condado e para sua toca, que permaneceu igual, mas ele se tornou uma pessoa muito diferente daquela que saiu de lá.

> *Gandalf olhou para ele – Meu querido Bilbo! – disse ele – Há algo errado com você! Não é mais o hobbit que era.*[5]

Fiquei alguns dias pensando na melhor forma de terminar este relato, e acredito que seria interessante deixar um convite. Sei bem que a fantasia como gênero pode parecer complicada, impenetrável em alguns aspectos, mas convido você, que leu até aqui, a experimentar se embrenhar pelos mundos tão incríveis que temos disponíveis nas prateleiras. Quem sabe em um desses passeios você tem a oportunidade de conhecer personagens incríveis e, ainda por cima, se deparar com aprendizados valiosos sobre a vida? Eu sei que não importa onde esteja, qual idade eu tenha, ou em qual momento da minha vida, estarei sempre voltando.

Livros citados

CAMPBELL, Joseph. *O Herói de Mil Faces.* São Paulo: Pensamento, 1989.

DUPRÉ, Maria José. *A Mina de Ouro.* São Paulo: Ática, 1976.

TOLKIEN, J.R.R. *O Hobbit.* 3ª ed. São Paulo: Martins Fontes, 2009.

---

[5] TOLKIEN, J.R.R. *O Hobbit,* p. 294.

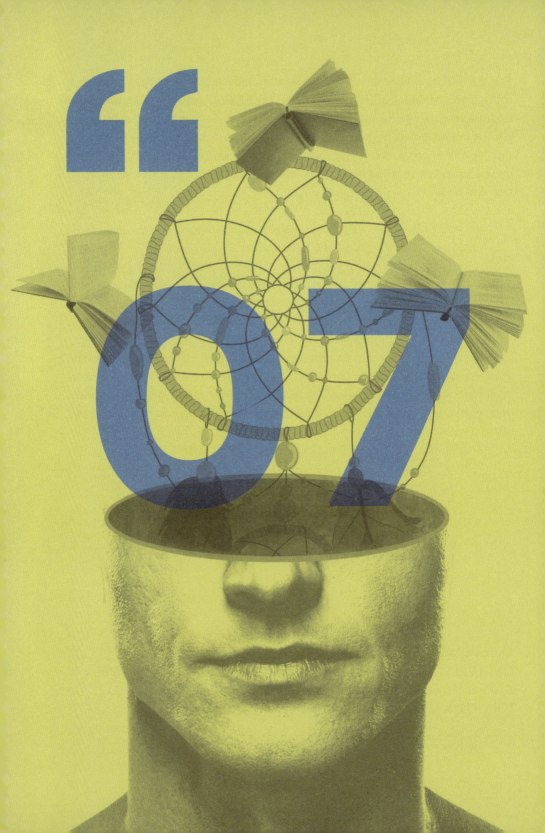

O xamã, o antropólogo e o Branding

Por Eduardo Araujo

Inúmeras obras me marcaram de alguma forma, mas eu sempre soube que duas delas moldaram profundamente minha forma de pensar. Elas se relacionam de modo intenso uma com a outra, começando pelo fato de serem escritas por antropólogos – Carlos Castañeda e Lévi-Strauss –, e ambas falam sobre magia indígena.

E a minha relação com esses livros é inseparável da que tenho com meu irmão mais novo. Temos uma ligação especial, apesar de eu pertencer a uma família de cinco irmãos. Como nossa diferença de idade é pequena, crescemos, entendemos e exploramos o mundo em dupla. E apesar de eu ser mais velho, o Rogério sempre foi mais maduro do que eu. Ele atua como uma espécie de grilo falante que aprova ou desaprova minhas atitudes, mesmo quando não está comigo. No fundo, é um dos grandes responsáveis pelo meu desenvolvimento em diversos aspectos da vida.

No início dos anos 2000, estávamos no primeiro ano de faculdade, eu no Mackenzie, fazendo Desenho Industrial, e ele na USP, cursando Economia. Lembro-me de um dia o Ro chegar em casa e falar sobre uma conversa que teve com o Rodrigão – que eu nunca cheguei a conhecer, mas o Rogério falava muito dele, uma pessoa que conseguia unir inteligência a uma incrível capacidade social. Ele nem deve imaginar, mas o curto diálogo dele como meu irmão naquele dia direcionou nosso desenvolvimento pessoal até hoje.

Eles se cruzaram pelo campus e o Rodrigão, todo animado, disse ao meu irmão que estava estudando algo muito interessante: autoconsciência. E continuou explicando. Disse que, por exemplo, se batesse o dedo no pé da cama, ele não ficaria bravo, pois tinha consciência do que o levara a tal ação.

O Ro achou fascinante aquela história e, chegando em casa, comentou com meu pai sobre a tal da autoconsciência. Feliz com o interesse do Rogério neste assunto, colocou dois livros na mão dele. *Psicologia da evolução possível ao homem*, um livro pequeno escrito por P. D. Ouspensky, um discípulo do Gurdjieff, e *Viagem a Ixtlan*, de Carlos Castañeda.

No mesmo dia, o Ro me relatou toda aquela sequência de acontecimentos. Segundo ele, eu me empolguei tanto quanto ele e iniciamos a leitura pelo mais curtinho. O livro fala sobre a teoria central de Gurdjieff, que consiste em chegar a um estado de despertar mais evoluído, e para isso, mistura conhecimentos de neurociência, psicologia e práticas meditativas com temas espirituais. Não me recordo quase nada sobre a teoria de Gurdjieff, mas hoje acredito que qualquer grupo ou doutrina de desenvolvimento espiritual cujo objetivo seja chegar a um estado mais evoluído do que outras pessoas errou feio no meio do caminho.

Duas ideias me marcaram neste livro. A primeira foi entender como o cérebro funciona, como cada parte é responsável por uma função diferente. Hoje tenho bastante conhecimento de neurociência, mas na época gravei alguns conceitos centrais apenas: nosso cérebro pode ser segmentado em algumas áreas; temos uma parte que controla emoções; outra parte é responsável pelo pensamento racional, essa é mais nova na nossa evolução e funciona de forma relativamente lenta quando a comparamos à parte motora de nosso cérebro. A segunda foi a ideia de que podemos buscar uma evolução constante e que podemos desenvolver o cérebro como qualquer músculo.

> *Tentem, por exemplo, comparar a velocidade dos processos mentais com a das funções motoras. Tentem observar-se quando tiverem de fazer simultaneamente numerosos movimentos rápidos: dirigir um carro numa rua muito congestionada, galopar por um mau caminho ou fazer qualquer outro trabalho que exija um pronto julgamento e reflexos instantâneos. Verão, de imediato, que não podem observar todos os seus movimentos. Terão de diminuir sua velocidade ou, então, deixar escapar a maior parte de suas observações, senão correrão o risco de um acidente e, provavelmente, isso acontecerá, se persistirem em observar-se a si mesmos. Poderíamos multiplicar tais constatações, em particular sobre o centro emocional, que é ainda mais rápido.[1]*

A partir dessa leitura, comecei a me observar melhor e a tentar sempre utilizar a parte mais adequada do meu cérebro em cada situação. Por exemplo, quando jogava basquete, me deixava levar apenas pelo prazer dos movimentos, usando mais a parte motora. Ao trabalhar sob pressão, tentava controlar minhas emoções para que o lado racional funcionasse sem ser atrapalhado. São princípios de funcionamento nos quais me apoio até hoje.

---

[1] OUSPENSKY, P. D. *Psicologia da evolução possível ao homem.* p. 41.

Eu e meu irmão ficamos entusiasmadíssimos com o que aprendemos e sedentos para entender mais sobre a autoconsciência, por isso partimos para a segunda recomendação de nosso pai, *Viagem a Ixtlan*. Ele faz parte de uma série de doze livros, na qual o antropólogo Carlos Castañeda descreve sua convivência e aprendizados com um xamã Yaqui, Dom Juan Matus, com quem manteve contato por dez anos. Ele é dividido em vinte capítulos e cada um deles contém um grande ensinamento que, em última instância, nos ajuda a entender o mundo a partir do sistema de cognição do feiticeiro Dom Juan. Destes ensinamentos, quatro ficaram impregnados em minha memória e mudaram de forma drástica minha forma de pensar: perder a importância própria; assumir a responsabilidade; tornar-se acessível ao poder e assumir a disposição de um guerreiro.

> – *Você se leva a sério demais* – *disse ele, devagar.* – *É muito importante, na sua concepção. Isso tem de mudar! Considera-se tão importante que acha que tem razão para se aborrecer com qualquer coisa. E tão importante que pode ir embora, se as coisas não lhe agradam. Imagino que você pense que isso demonstra força de caráter. Isso é besteira! Você é fraco e convencido! (...)*

> – *Enquanto você achar que é a coisa mais importante do mundo, não pode apreciar lealmente o universo em volta de si. É como um cavalo com antolhos, só o que vê é você separado de tudo o mais.* – *Examinou-me por um momento.* – *Vou falar com minha amiguinha aqui* – *disse ele, apontando para uma plantinha.*

> *Ajoelhou-se em frente dela e começou a acariciá-la e a falar-lhe. A princípio não entendia o que ele estava dizendo, mas depois ele trocou de língua e começou a falar com a planta em espanhol. Falou umas banalidades, e depois levantou-se.*

> – *Não importa o que você diz para a planta* – *falou.* – *Pode também inventar as palavras; o que é importante é o sentimento de gostar dela, de tratá-la como igual. (...)*

> – *Assim, no final, as plantas e nós ajustamos as contas* – *disse ele.* – *Nem nós nem elas são mais ou menos importantes. (...) De agora em diante, fale com as plantinhas* – *disse ele.* – *Fale até você perder todo seu senso de importância.*[2]

Lembro-me de acariciar levemente as plantas que passavam por minhas mãos quando andava pela rua e, assim como nessa lição, levamos a sério cada orientação do Dom Juan. Elas nos ajudaram a conquistar um olhar menos narcísico e mais responsável perante nossas vidas. E quanto mais líamos, mais a ideia de que poderíamos tomar a rédeas de nosso futuro nos encantava, mas, para isso, precisávamos ter consciência de cada decisão e assumir a responsabilidade por nossos atos.

> *– Não importa o que fizer; primeiro, ele tem de saber por que o faz, e depois tem de prosseguir com seus atos sem ter dúvidas ou remorsos a respeito. (...)*
> *– Passou a vida toda reclamando porque não assume a responsabilidade de suas decisões. (...)*
> *Num mundo em que a morte é o caçador, não há decisões pequenas ou grandes. Só há decisões que tomamos diante de nossa morte inevitável.*[3]

O exercício de autoconsciência foi intenso durante meses. Todos nós tendemos a entrar no modo automático; esse é um modo operante do cérebro para que a gente não precise processar absolutamente tudo o que fazemos. Assim, conseguimos pensar sobre uma apresentação de trabalho enquanto tomamos banho. Se não fosse pela utilização desses hábitos, precisaríamos pensar sobre onde esfregar o sabonete, como tirar a espuma e estar centrados na atividade. O lado ruim disso é que muitas vezes ficamos com o pensamento distante, com pouca consciência daquilo que estamos fazendo e aproveitando pouco o momento presente.

Seguindo à risca e até demais os ensinamentos do Dom Juan, nos obrigávamos a ter consciência 100% do tempo. Claro que a prática é impossível, mas tentávamos. Lembro-me de, no caminho de volta da faculdade, ficar observando e narrando mentalmente o que estava acontecendo. O exercício na minha cabeça se passava mais ou menos assim: – Estou no ônibus voltando da faculdade, ali tem uma árvore, estou observando-a. Na minha frente tem uma pessoa assim. Agora estou olhando para a direita, pois um barulho me chamou a atenção.

---

[2] CASTAÑEDA, Carlos. *Viagem a Ixtlan.* p. 32.
[3] CASTAÑEDA, Carlos. *Viagem a Ixtlan.* p. 50.

E logo quando o pensamento ia para outro lugar, começava outra vez: – Estou no ônibus voltando da faculdade...

Foi uma prática constante de estar presente no momento e ter autoconsciência 100% do tempo. O ápice do treino foi quando começamos a conseguir ganhar consciência em nossos sonhos. Hoje sei que essa habilidade se chama *lucid dream*. Isso quer dizer ganhar consciência enquanto se sonha e, em seguida, decidir o que fazer. Foi uma habilidade ensinada para Castañeda por Dom Juan. Percebo que talvez esse ensinamento seja tão metafórico quanto literal. Significa também tomar consciência daquilo que queremos e alinhar nossas atitudes para conseguir alcançar cada objetivo.

> – *Vou-lhe ensinar agora mesmo o primeiro passo para o poder. – disse ele, como se me estivesse ditando uma carta. – Vou-lhe ensinar a organizar-se para sonhar.*

> *Olhou para mim de novo e perguntou se eu sabia o que ele queria dizer. Eu não sabia. Mal o acompanhava, de todo. Explicou que "organizar-se para sonhar" significava ter um controle preciso e pragmático sobre a situação geral de sonho, comparável ao controle que a pessoa tem sobre qualquer escolha no deserto, tal como subir um morro ou ficar à sombra de uma garganta.*

> – *Deve começar com alguma coisa bem simples – falou. – Hoje, em seus sonhos, deve olhar para suas mãos. (...) – Cada vez que você olha para alguma coisa em seus sonhos essa coisa muda de forma – disse ele, depois de um longo silêncio.*

> – *O truque de aprender a organizar-se para sonhar obviamente não é só olhar para as coisas, mas manter a visão delas. Sonhar é real quando a gente conseguiu focalizar tudo.*

> *Depois, não há diferença entre o que você faz quando dorme e o que faz quando não está dormindo. Entende o que digo?[4]*

Alguns meses depois, acabamos desistindo do exercício constante de autocons-

---

[4] CASTAÑEDA, Carlos. *Viagem a Ixtlan*. p. 109.

ciência. Era muito fatigante. Descobrimos na prática que a energia psíquica que a gente gasta pode nos deixar mais cansados do que a física. Acho que qualquer pessoa que trabalhe bastante também chega a essa conclusão. Mas isso não significa que largamos nossa busca. Apenas aprendemos a usar esse exercício nos momentos certos. Faz muito sentido estar focado em uma apresentação de trabalho, mas pouquíssimo quando estamos nos divertindo com os amigos.

No fundo, aprendemos com Castañeda a nos observar como uma terceira pessoa, fazendo um exercício fenomenológico daquilo que acontece em nossa mente. Com isso, me tornei uma pessoa ainda mais calma e também comecei estudar Ciências Sociais para entender como as pessoas pensam. Muitos anos se passaram, me formei em Desenho Industrial, trabalhei com marketing, *design* de produto, fui diretor de arte e nessa função conheci o universo do Branding, com que trabalho hoje.

Creio que essa jornada de autoconhecimento foi o que me fez ficar tão fascinado pela minha profissão atual. O que são marcas senão pensamentos e sentimentos que as pessoas carregam sobre uma empresa, produto ou serviço? Conseguir manipular o que as pessoas pensam a partir de uma dada realidade me pareceu tão fantástico quanto minha outra paixão de infância, montar e construir com Lego. A atividade exibe a mesma lógica, pois consiste em analisar as peças disponíveis e pensar em algo fantástico que é possível criar a partir delas. Mas, em vez de peças de Lego, eu teria conexões neurais para manipular. Jaime Troiano, que conheci por causa desse meu interesse em Branding, foi quem me recomendou outra leitura que mudou minha vida mais uma vez. Ele colocou em minha mão dois textos do Lévi-Strauss que são parte de uma obra chamada *Antropologia Estrutural:* "O feiticeiro e sua magia" e "A eficácia simbólica". Os dois textos descrevem rituais xamânicos e evidenciam como a magia pode ser real para aqueles que acreditam nela.

Depois de introduzir a ideia de que a mágica pode ser real, Lévi-Strauss descreve um ritual de uma tribo Cuna, que vive no Panamá, no qual um xamã é chamado por uma parteira para ajudar em um parto difícil. O feiticeiro procede com um longo canto que segue um modelo bastante banal, segundo o antropólogo. O doente está sofrendo, pois perdeu seu duplo espiritual, que constitui sua força vital. Isso acontece, pois seu duplo foi raptado por um espírito malvado. Então o xamã, auxiliado por espíritos protetores, realiza uma viagem sobrenatural para tirar o duplo de espírito malvado que o capturou, devolvê-lo ao seu dono e garantir a cura.

Lévi-Strauss costura um impressionante paralelo entre a cura xamânica e a da psicanálise. Segundo ele, a diferença primordial entre elas é que, enquanto na psicanálise o mito é narrado ou preenchido pelo paciente, no xamanismo o mito é dado pelo feiticeiro.

> Nesse sentido, a cura xamânica se situa a meio caminho entre nossa medicina orgânica e as terapêuticas psicológicas como a psicanálise. Sua originalidade está em aplicar a desordens orgânicas um método muito próximo destas últimas. Como isso e possível? Uma comparação mais minuciosa entre xamanismo e psicanálise (que não envolve, em nosso pensamento, nenhum desrespeito para com esta última) permitirá precisar esse ponto.

> Em ambos os casos, propõe-se trazer à consciência conflitos e resistências que até então haviam permanecido inconscientes, seja por terem sido recalcados por outras forças psicológicas, seja – e o caso do parto – em razão de sua própria natureza, que não é psíquica e sim orgânica, ou até simplesmente mecânica. Também em ambos os casos, os conflitos e resistências se dissolvem, não porque a paciente deles vá tomando progressivamente conhecimento, real ou suposto, mas porque esse conhecimento torna possível uma experiência especifica, na qual os conflitos se realizam numa ordem e num plano que permitem seu livre desenrolar e conduzem ao seu desenlace. Em psicanálise, essa experiência vivida é chamada de ab-reação. Como se sabe, ela tem como condição a intervenção não provocada do analista, que surge nos conflitos do paciente pelo duplo mecanismo da transferência, como um protagonista de carne e osso, em relação ao qual o paciente pode remontar e explicitar uma situação inicial que permanecera não-formulada. (...)

> O paralelismo não exclui diferenças, portanto. O que não deve causar surpresa, se atentarmos para o caráter psíquico num caso, e orgânico no outro, do mal a ser curado. A cura xamânica parece ser de fato um exato equivalente da cura psicanalítica, mas com uma inversão de todos os termos. Ambas buscam provocar uma experiência, e ambas conseguem fazê-lo reconstituindo um mito que o paciente deve viver, ou reviver. Mas, num caso, é um mito

individual que o paciente constrói com elementos tirados de seu passado e, no outro, é um mito social que o paciente recebe do exterior e que não corresponde a um estado pessoal antigo. Para preparar a ab-reação que, nesse caso, torna-se uma "ad-reacão", a psicanalista escuta e o xamã fala. (Antropologia estrutural, pp. 282, 284)

(...) O vocabulário importa menos do que a estrutura. O mito, quer seja recriado pelo sujeito ou tomado da tradição, só tira de suas fontes, individual ou coletiva (entre as quais interpenetrações e trocas se produzem constantemente), o material de imagens com que opera. A estrutura permanece a mesma, e é por ela que a função simbólica se realiza. (p.289)

Eu, que sempre fui tendencioso a desprezar outras crenças ou formas de pensamento diferentes da minha, aprendi a respeitá-las e, mais do que isso, comecei a querer compreendê-las cada vez mais. Afinal não importa a forma, o caminho mental, o importante é o resultado. As obras de Ouspensky e Castañeda criaram uma profunda inquietação em mim, que, em última instância, me levaram a trabalhar com algo pelo qual sou completamente apaixonado. E, como noiva que não se escolhe no altar, essa minha paixão por trabalhar para construir marcas – bens intangíveis que só existem na mente das pessoas – começou quando passei a observar minha própria mente.

O que aprendi com Lévi-Strauss foi fundamental para me tornar um bom profissional de Branding. Seus ensinamentos me levaram a escapar das armadilhas que nosso desejo de surdez nos impõe. Deixei de escutar a partir da minha posição, valores e interesses e comecei a abrir-me para aquilo que ainda não compreendo, para um sentido que não consigo antecipar, a partir do olhar do outro. Afinal, só constrói marcas fortes quem entende de gente.

Livros citados

CASTAÑEDA, Carlos. *Viagem a Ixtlan*. Rio de Janeiro: Nova Era/Record, 1995.
LÉVI-STRAUSS, Claude. *Antropologia estrutural*. São Paulo: Cosac Naify Portátil, 2012.
OUSPENSKY, P.D. *Psicologia da evolução possível ao homem*. São Paulo: Pensamento, 1993.

A natureza lá fora e a alma humana dentro dos livros

Por Elie Politi

Há uma canção francesa que é entoada pelos caminhantes de trilhas na natureza e também pelos escoteiros e os estudantes. Repetida em coro durante a caminhada, ela tem apenas dois versos:

Un quilometre à pied, ça use, ça use
Un quilometre à pied, ça use les souliers[1]

A única coisa que muda é a numeração dos quilômetros, sequencialmente, à medida em que a pessoa segue em frente, observa a natureza e presta atenção aos obstáculos naturais do caminho ou da região.

Ao aprofundar a memória sobre quais livros e escritos influenciaram minha vida, posso dizer que estes dois versinhos formaram a base para um certo tipo de raciocínio. Envolve aritmética ao contar os quilômetros e os passos realizados, envolve o desenvolvimento da paciência, da capacidade de observação e da determinação em alcançar o final da trilha.

Esta simples ideia parece muito básica e ninguém, automaticamente, irá pensar nestes dois versos como fundadores e matrizes de comportamento. No entanto, se eu os relacionar com as qualidades que eu precisei aprimorar durante minha vida profissional, consigo enxergar uma raiz comum. E o que seriam estas raízes?

Na minha profissão, como engenheiro químico, é necessário ter paciência para acompanhar as mudanças que ocorrem nos processos químicos, para observar uma mudança de coloração, o surgimento de um novo produto de uma reação, a mudança de estados físicos das substâncias etc.

Na minha carreira docente, novamente encontro qualidades a desenvolver: a dedicação, a paciência e a sensibilidade para prestar atenção aos comportamentos dos alunos à minha volta. Lecionar é quase como aprender psicologia na prática. Uma mudança na atitude corporal de um estudante, um gesto, um olhar que significa algo diferente do falado, a recepção de uma turma ao entrar numa sala de aula, são tantos sinais aos quais se tem que prestar constante atenção.

---

[1] Em tradução livre: "Um quilômetro a pé, isso usa, isso usa, Um quilômetro a pé, isso usa a sola dos "sapatos".

Mesmo nas atividades relacionadas às artes, como o cinema, por exemplo, é preciso lançar mão da paciência e da capacidade de observar. Ao frequentar um museu, tenho que planejar certa organização da visita, administrar o tempo para a contemplação, para a observação e para a análise das obras.

Dos subterrâneos da memória surgem títulos de livros que em seguida ajudaram a formar meu caráter e meu comportamento, me despertando para as coisas importantes da vida. A importância desses títulos certamente variou de acordo com a idade, a experiência adquirida e a sensibilidade desenvolvida. Também não posso deixar de reconhecer a saudável influência de meus pais, que me ensinaram a ler bem cedo e que puseram os primeiros livros nas minhas mãos. No nosso ambiente, a importância da leitura e da cultura em geral era muito incentivada.

Preciso esclarecer ao leitor que tive o privilégio de estudar num colégio francês e que na cidade onde eu vivia não havia censura de filmes por idade, como na capital paulista. Além do mais, meus tios eram proprietários de dois cinemas, então eu tinha a regalia de poder entrar sem comprar ingresso toda semana. Posso dizer que foram as obras cinematográficas que despertaram minha sensibilidade para a literatura. Lembro-me das primeiras vezes em que me dei conta do uso de um artifício narrativo, como se faz em literatura, num relato cinematográfico.

Vasculho a memória e encontro alguns exemplos: no filme *The Woman in the Window*[2], um drama assistido quando eu tinha uns 9 anos, me dei conta de que se pode narrar uma história que no final é desmentida por completo. Me impressionou sobremaneira o modo como, nas sequências finais, todo o drama apresentado antes nada mais era do que um sonho. Duas cenas na neve também me impressionaram, uma delas no faroeste *The Last Hunt*[3], em que a imagem final era da face de um de meus atores prediletos, Robert Taylor, congelado e morto por causa de uma tempestade de neve.

Um musical muito divertido, *Seven Brides for Seven Brothers*[4], também mostra uma cena de avalanche como eu nunca havia visto, o que me deixou im-

---

[2] *Um Retrato de Mulher*, de Fritz Lang, 1944.
[3] *A Última Caçada*, de Richard Brooks, 1956.
[4] *Sete Noivas para Sete Irmãos*, de Stanley Donen, 1954.

pressionado pela força da natureza e por como o cinema pode reproduzir algo do qual eu somente havia lido a respeito. Sei que, revistas hoje, essas cenas revelam claramente artifícios e truques de montagem, mas, para uma criança, elas ficam gravadas na memória. Ainda me recordo da sensação que tive diante delas no cinema, mais de sessenta anos depois.

Foi aí que entendi, antes dos 10 anos de idade, a força da arte na criação de uma história e como certos recursos são capazes de criar emoções duradouras. As histórias que lia acabavam se sobrepondo, com suas lições de vida. Nos primeiros anos na escola, montávamos cenas de espetáculos de teatro. Mas, em vez das peças infantis que se veem hoje em dia, encenávamos trechos de clássicos da literatura francesa, como Molière e Corneille, e líamos poemas de Ronsard e La Fontaine. Lembro-me até hoje do poema *Le Corbeau et le Renard*[5], que começa com estes versos:

> *Maître Corbeau, sur um arbre perché,*
> *Tenait à son bec um fromage.*
> *Maître Renard, à l'odeur allechée,*
> *Lui tint à peu près ce langage:*[6]

O poema *O Corvo e a Raposa* é uma fábula de fundo moral que alerta contra os bajuladores à nossa volta e condena a tentação do egocentrismo. Ele me fez compreender que é necessário guardar a mente lúcida e resistir à tentação de ouvir somente o que queremos e o que nos agrada.

Esta formação básica moral, que foi construída desde a infância e a adolescência, me ajudou na formação de uma certa ética e moldou muitos comportamentos em minha vida. Evidentemente, não sem diversas dúvidas, como sempre se espera da dolorosa fase de transição da adolescência para a vida adulta.

Quando eu era ainda um estudante, a leitura foi se tornando uma parte cada vez mais importante da minha vida. Sei que minha formação adolescente in-

---

[5] *O Corvo e a Raposa,* La Fontaine, 1668.
[6] Trecho do poema "O Corvo e a Raposa", de La Fontaine.
"Senhor Corvo, na árvore empoleirado, Trazia no seu bico um queijo. Dona Raposa, com faro aguçado, Logo começou o seu cortejo:" (Fonte: Tradução comentada da fábula Le Corbeau et le Renard, de Jean La Fontaine, disponível em: https://periodicosonline.uems.br/index.php/REV/article/view/6341).

cluiu os livros de Júlio Verne e muitas histórias de mistério, aventura e espionagem, publicadas na Europa pela editora Marabout. Dois livros que me marcaram e aguçaram minha imaginação são *Vinte Mil Léguas Submarinas*, de Júlio Verne, e *A Expedição Kon-Tiki,* de Thor Heyerdahl, sendo que este é um verdadeiro documentário, pois conta a história real de navegadores em uma jangada pelo Pacífico Sul em direção à Polinésia.

O tempo foi passando, e logo ao entrar na faculdade, me recordo de ter lido dois romances fundamentais: *Demian e O Lobo da Estepe*, ambos de Hermann Hesse. O primeiro é um verdadeiro romance de formação, pois coloca os personagens em confronto constante, justamente na etapa da passagem para a vida adulta. A questão da existência do bem e do mal é colocada bem claramente. Quando o personagem Sinclair sai da sua esfera familiar inicial para conhecer o mundo, senti como se estivesse vendo em um espelho a representação das alegrias, das tristezas e das frustrações que eu mesmo estava passando na vida real.

O segundo livro é uma jornada de autoconhecimento. Ele desnuda um mundo onde as aparências são importantes, mas demonstra como a percepção dos mesmos acontecimentos pode ser muito diferente para cada pessoa. As sensações descritas pelo personagem principal foram muito esclarecedoras para mim, que discutia trechos com os meus colegas de faculdade o tempo todo.

Para mim, ler sempre foi uma atividade prazerosa e que desperta a curiosidade. Muitos leitores se limitam a um só tipo de narrativa, mas considero que tive leituras ecléticas, variadas e até um pouco desordenadas. Além dos livros obrigatórios para os estudos, como muitos livros técnicos, conseguia colocar na minha lista títulos sobre história, filosofia, artes visuais, teatro e o cânone da literatura mundial em romances e novelas.

O teatro, com suas inúmeras representações da realidade, também atraía minha atenção desde estudante. Tive o privilégio de assistir a obras fundamentais da dramaturgia brasileira e mundial montadas numa São Paulo efervescente da época, sendo inesquecíveis as primeiras montagens do Teatro Oficina a que assisti, como *Andorra*, de Max Frisch, *Pequenos Burgueses*, de Maxim Gorki, e *O Rei da Vela*, de Oswald de Andrade. Nada me impressionou mais do que a criativa montagem de Victor Garcia para *O Cemitério dos Automóveis*, de Arrabal, produzido no Teatro Ruth Escobar.

Essa frequência ao teatro, comum nos universitários da época, nos levava a querer ler os livros nos quais as peças eram baseadas. Era comum um amigo encontrar outro com um livro debaixo do braço e perguntar: "O que você está lendo atualmente"? Imagino que hoje em dia esta situação, na melhor das hipóteses, seria difícil ou nem existiria mais. Nos anos 1970, no entanto, se você pudesse, já corria para a livraria para comprar ou então pediria emprestado um exemplar para poder estar "em dia" com a leitura dos amigos.

O livro de Nelson Werneck Sodré, *Síntese de História da Cultura Brasileira*, descreve o período assim:

> *Apesar de todas as dificuldades, o teatro brasileiro demonstra surpreendente vitalidade. Cresce e se alastra o movimento amador, verdadeira reserva de quadros futuros, à base do interesse da juventude pela arte cênica, e por suas inovações em âmbito universitário ou fora dele; aumenta o público que não só acompanha os espetáculos, mas também as discussões teóricas que esses suscitam cada vez mais; multiplica-se a difusão de peças teatrais em livro, gerando novas camadas de público, e já existindo várias coleções de autores teatrais.[7]*

Iniciando a vida profissional especializada em estudos e projetos ambientais, tive a ventura de ler e escrever muito sobre o assunto. Num certo sentido, acredito que as escolhas profissionais refletem um modo de vida e vice-versa. Enxergo o mundo hoje em dia de uma visão planetária, ou seja, toda escolha local tem, sem dúvida, consequências mais amplas e reverbera em outras partes do globo.

A escolha da construção de uma casa sustentável, por exemplo, sofre diversas influências, tais como escolha do local geográfico próximo de uma fonte de água, de arborização suficiente, de materiais de construção que se abstêm de predação, assim como estudos preliminares e planos para a diminuição permanente e constante dos resíduos.

No livro *Sustainable Development – Education, the Force of Change*, publicado pela UNESCO em 1999, do qual tive a honra de participar como parte do

---

[7] WERNECK SODRÉ, Nelson. *Síntese de História da Cultura Brasileira*. p. 116.

projeto transdisciplinar "Educando para um Futuro Sustentável", se lê:

All kind of organization, small and big, private and public, seeking profit or not, should be able to satisfy their customers at the same time they improve their environmental performance.[8]

Esta frase mostra a importância da educação ambiental, que deveria ser parte integrante do ensino brasileiro em todos os níveis. Trataria, de modo interdisciplinar, de orientações sobre a busca de soluções para um consumo mais consciente e para uma produção mais limpa. A influência destes princípios de sustentabilidade motivou meu envolvimento, ao mesmo tempo, com a educação e com os núcleos de produção de diversos materiais, como cerâmica, plástico e aço.

Desenvolver boas políticas ambientais, com normas objetivas e bem escritas, acaba levando a boas práticas de fabricação e de manutenção. Estas políticas também influenciam o comportamento do consumidor, da assistência técnica e do pós-uso. O compromisso da alta direção de uma empresa em definir uma política ambiental transparente e o engajamento de colaboradores e fornecedores são elementos fundamentais para bons resultados ambientais. A questão da reciclagem, tão discutida e praticada há mais de trinta anos no país, até hoje ainda não alcançou no Brasil um *momentum* e nem as dimensões necessárias se considerarmos nossa gigante população.

Para encerrar meu capítulo nesta coletânea que relaciona os livros com a vida, gostaria de relembrar um autor que também me causou notável impressão desde a primeira leitura. Esta lembrança se conecta, de certa forma, com o primeiro parágrafo deste texto, quando me lembrei dos escoteiros.

É o poema "Se", de Rudyard Kipling,
O poema "Se" ("If") começa assim (tradução de Guilherme de Almeida):

---

[8] Em tradução livre: "Todo o tipo de organização, pequena ou grande, privada ou pública, em busca de lucro ou não, deveria poder satisfazer os seu clientes ao mesmo tempo em que aprimora sua performance ambiental". *Sustainable Development – Education, the Force of Change.* p. 57.

Se és capaz de manter a tua calma quando
Todo o mundo ao teu redor já a perdeu e te culpa;
De crer em ti quando estão todos duvidando,
E para esses no entanto achar uma desculpa;
Se és capaz de esperar sem te desesperares,
Ou, enganado, não mentir ao mentiroso,
Ou, sendo odiado, sempre ao ódio te esquivares,
E não parecer bom demais, nem pretensioso;

E termina assim:

Se és capaz de, entre a plebe, não te corromperes
E, entre reis, não perder a naturalidade,
E de amigos, quer bons, quer maus, te defenderes,
Se a todos podes ser de alguma utilidade,
E se és capaz de dar, segundo por segundo,
Ao minuto fatal todo o valor e brilho,
Tua é a terra com tudo o que existe no mundo
E o que mais –tu serás um homem, ó meu filho!

Rudyard Kipling também é o autor de *O Livro da Selva*, obra que me marcou, me levando a uma verdadeira viagem por comportamentos, experiências, emoções e sensações. Os três primeiros capítulos falam das aventuras e desventuras de um ser humano imerso na natureza, com suas qualidades e defeitos. O escritor demonstra de forma contundente a realidade do mundo, suas verdades e mentiras, e desperta em nós uma sensação de pertencimento, abordando temas como honra, bondade e outras características humanas.

E é assim, nesta identificação com cenas, personagens e narrativas, que me perco e me reencontro entre tantas memórias. Quanto mais vasculho minhas lembranças, mais vejo brotar emoções e encontro fortes conexões entre o que li, o que penso, o que sou e o que levarei dessas experiências e influências para minha vida.

Livros citados[9]

HESSE, Hermann. *Demian*. Tradução Ivo Barroso. Rio de Janeiro: Record, 2012.

HESSE, Hermann. *O Lobo da Estepe.* Tradução Ivo Barroso. Rio de Janeiro: Best Seller, 2009.

HEYERDAHL, Thor. *A expedição Kon-Tiki.* Tradução Agenor Soares de Moura. Rio de Janeiro: José Olympio, 2013.

KIPLING, Rudyard. *O Livro da Selva*. Tradução Monica Stahel. São Paulo: WMF Martins Fontes, 2016.

UNESCO. *Sustainable Development* – Education, the Force of Change. 1999.

VERNE, Júlio. *Vinte Mil Léguas Submarinas*. Tradução Frank Oliveira. São Paulo, Principis, 2019.

WERNECK SODRÉ, Nelson. *Síntese de História da Cultura Brasileira.* 4ª ed. Rio de Janeiro: Civilização Brasileira, 1975.

---

[9] Foram citadas edições recentes da maior parte dos livros, pois os exemplares originalmente lidos não estavam mais em posse do autor do texto.

Palavras na arte da vida

Por Elizete de Azevedo Kreutz

Intenso
Não eterno
Dramático
Profundo
Misterioso

Impreciso
Contrastante
Paradoxal
Não racional

Primitivo
Complexo
Imediato
Profuso

Paixão
Id (Potência, Imaginário, Insanidade,...) [1]

Optei por iniciar esse relato pelo poema "Palavras que me indefinem", de minha autoria, pois elas são vinculadas aos principais autores de minha vida! Afinal, somos como uma colcha de retalhos[2] construída ao longo da nossa existência por inúmeros pedaços mágicos de nossas experiências, como os ensinamentos de nossos pais, professores, irmãos, amigos, colegas, também dos acontecimentos diários e, especialmente, dos nossos discos e livros...

Os livros sempre foram muito preciosos para mim. Fui apresentada a eles pela minha mãe, que também foi minha professora alfabetizadora (sim, fui aluna oficial dela!). Em casa sempre tínhamos muitos livros, coleções, enciclopédias que meus pais compravam para nós, mesmo que o uso fosse pensado para o futuro (nem sonhávamos com internet, muito menos com um Google para as pesquisas para a escola ou mesmo para a vida).

---

[1] Poema original da autora; continua no final deste texto.
[2] Um "velho" clichê que faz todo o sentido neste contexto!

Uma das coleções que eu adorava era "O Mundo da Criança", que minha mãe sempre lia para nós. Das muitas "estórias"[3], fábulas, poesias, algumas estão muito presentes na minha memória, como *A Gaiola Dourada*, que narra a história de um pequeno imperador que aprisionou um pássaro cantador para seu deleite. Embora estivesse em uma gaiola dourada, o pássaro entristeceu e emudeceu. Em sonho, o pequeno imperador se vê na situação do pássaro, engaiolado e sendo o pet de aves gigantes. Então, ele compreende a maldade que estava fazendo com o pássaro e decide soltá-lo.

> *(...) O Pequeno Imperador adormeceu profundamente e sonhou:*
> *Ele estava dentro de uma gaiola muito grande! Os raios solares penetravam pelas grades, inundando-a de luz. Ele tentava, freneticamente, sair daquela prisão. Batia nas grades com toda a força! De repente, pareceu-lhe estar num bosque, cercado de raízes e troncos de árvores que se moviam e caminhavam em sua direção. Em vez de folhas, viu, nos galhos das árvores, penas, bicos pontiagudos e, também, olhos brilhantes! Não eram árvores, eram pássaros gigantescos! O que julgara serem raízes de árvores, eram garras, e o que considerara troncos, eram pernas! Eram pássaros enormes, tão grandes quanto os homens e ele era tão pequenino quanto um passarinho.*
> *- Soltem-me, gritou. Vocês não sabem que eu sou o Imperador e que todos me devem obediência? Ordeno que me soltem!*
> *- Ouçam, ele começou a cantar, disse um pássaro para o outro.*
> *- Não é uma canção muito melodiosa! Seu canto é estridente! Aceite meu conselho: torça-lhe o pescoço e faça um assado.*
> *- Oh, deixem-me sair! Por favor, por favor, deixem-me sair! chorava o Pequeno Imperador, cheio de medo.*
> *- Acho que seu canto está melhorando agora, observou um dos pássaros. (...)[4]*

A história continua e fica cada vez melhor. E se ainda hoje ela é interessante, pense no que ela significava para uma pequena criança imaginando a situação tanto do menino quanto do pássaro. Nessa pequena fábula, temos alguns

---

[3] A autora preferiu colocar entre aspas, para fazer uma relação com a Língua Portuguesa daquela época, em que se fazia a distinção entre estória (fantasiosa) e história (verdade/real).

[4] PARRISH, Anne. *A Gaiola Dourada*, p. 94. A grafia original do texto, que usava as regras vigentes em 1954, foi atualizada na citação.

ensinamentos a respeito de poder X empatia e sobre o quanto é necessário colocar-se no lugar do outro para avaliar o impacto de nossas ações.

Anos mais tarde, já na quinta série, a nossa professora de Língua Portuguesa e Literatura nos apresentou o seu autor preferido e deveríamos fazer trabalhos diversos sobre ele e suas obras. Para o meu grupo, a obra a ser explorada foi "Garota de Ipanema". Foram muitos dias de preparação, descobertas e ensaios. Foi nesse período que conheci e me apaixonei pelo nosso Grande Poetinha Vinicius de Moraes. *Antologia Poética*[5] é uma das minhas obras preferidas e que muito me influenciou na vida. Seguidamente justifico meus atos com uma de suas poesias cantadas e/ou declamadas. "Soneto de Fidelidade" e "A Rosa de Hiroshima" são algumas que sempre me fazem refletir sobre a vida.

> **Soneto de Fidelidade**
> *De tudo, ao meu amor serei atento*
> *Antes, e com tal zelo, e sempre, e tanto*
> *Que mesmo em face do maior encanto*
> *Dele se encante mais meu pensamento*
>
> *Quero vivê-lo em cada vão momento*
> *E em louvor hei de espalhar meu canto*
> *E rir meu riso e derramar meu pranto*
> *Ao seu pesar ou seu contentamento*
>
> *E assim, quando mais tarde me procure*
> *Quem sabe a morte, angústia de quem vive*
> *Quem sabe a solidão, fim de quem ama*
>
> *Eu possa me dizer do amor (que tive)*
> *Que não seja imortal, posto que é chama*
> *Mas que seja infinito enquanto dure*

Por um lado, a finitude das coisas da vida não deve ser encarada como algo ruim, negativo, mas sim como uma oportunidade para o novo. Por outro, por tudo ter fim, devemos viver intensamente cada vão momento da vida como se

---

[5] MORAES, Vinicius de. *Antologia Poética*. Soneto de Fidelidade, p. 77; e A Rosa de Hiroxima, p. 166.

fosse o único. Contudo, diante de nossa vida acelerada, colocar em prática este viver intensamente é um desafio cada vez maior. Inúmeras vezes, nossas vidas são superficiais e sem valor. Tudo está no automático. E em outras, a beleza da vida pode ser num instante (e espantosamente) arrebatada como "na" Rosa de Hiroshima.

> ***A Rosa de Hiroxima*** [6]
> *Pensem nas crianças*
> *Mudas telepáticas*
> *Pensem nas meninas*
> *Cegas inexatas*
> *Pensem nas mulheres*
> *Rotas alteradas*
> *Pensem nas feridas*
> *Como rosas cálidas*
> *Mas oh não se esqueçam*
> *Da rosa da rosa*
> *Da rosa de Hiroshima*
> *A rosa hereditária*
> *A rosa radioativa*
> *Estúpida e inválida*
> *A rosa com cirrose*
> *A anti-rosa atômica*
> *Sem cor sem perfume*
> *Sem rosa sem nada.*

A rara voz do excêntrico Ney Matogrosso tem o tom que honra a poesia de Vinicius. Forma e conteúdo combinados para ampliar nossa percepção, arrepiar o corpo e a alma com a melancolia do fato e das consequências. Infelizmente, poucos têm ouvido esse apelo e por isso o brilho da vida (de muitos) tem sumido. A insensatez de quem se vangloria com o seu poder bélico de acabar não apenas com um país, mas com o planeta inteiro, é inadmissível!

Embora no imaginário coletivo o Poetinha só curtisse a vida nas tardes de Itapuã, ele e seus amigos, parceiros na arte e na vida, trabalhavam muito. Madru-

---

[6] Comentário da autora: *Um detalhe: na edição da Antologia de Vinicius, Hiroxima está com X.*

gadas sem dormir até finalizarem a música e/ou a letra. Com talento, trabalho, carisma e paixão, ele nos deixou um rico legado. Além disso, sua capacidade de fazer conexões entre pessoas, campos (literário e musical), culturas (baixa e alta) fez de Vinicius um artista completo e complexo, bancado não pelos sujeitos credenciados na área (a academia e a crítica), mas sim pelo povo, pelos seus fãs. A lição para a vida: é possível ser feliz e produzir muito e vice-versa. Ser "Escravo da Alegria"[7] é uma ótima opção. E a paixão infinita pela vida nos conduz aos melhores caminhos.

Os livros são sagrados para mim. Logo, a minha formação acadêmica não poderia ser outra: Letras e Literatura. Nesse período de graduação, descobri muitas coisas sobre as obras e seus autores. Meus queridos Hemingway, Poe, Dickens, Shakespeare... falando assim, até parece que os conheço com intimidade. O fato é que nos apegamos a eles, ou melhor, eles nos "pegam" com suas obras! Entre os amados, ainda temos o Jorge, a ucraniana Clarice e o Machado. Clássicos de nossa literatura brasileira.

E o Neruda... eu nem sabia por que era apaixonada por ele. Depois, muito tempo depois, descobri a conexão oculta lendo a "História Natural de Pablo Neruda", de Vinicius. Velhos amigos, belas histórias e muitos amores. Este livro revela a paixão dos amigos da vida. Há amigos da alma que guardamos no peito e, mesmo que os encontros presenciais sejam poucos, a intensidade dessa paixão nunca se abranda.

> **De Vinicius para Neruda**
> *Senta-te ali, poeta primogênito*
> *Naquela ampla cadeira em frente ao mundo*
> *E deixa-me pintar o teu retrato*
> *(Já que por circunstâncias, não o fizeram*
> *Teus amigos Picasso e Di Cavalcanti)*
> *Com palavras cobertas de azinhavre*
> *Do tempo, e pela luz verde da Lua*
> *Funâmbula, a transar entre hemisférios (...)*[8]

---

[7] Título de uma das canções de Vinicius de Moraes, em parceria com Toquinho.

[8] MORAES, Vinicius de. *História Natural de Pablo Neruda* – A elegia que vem de longe. p. 27.

De Neruda para Vinicius
No dejaste deberes sin cumplir:
tu tarea de amor fue la primavera;
jugaste con el mar como un delfín
y perteneces a la primavera.
(...) [9]

A vida, assim como os livros, é um mar sem fim. E ao desfrutar dessas águas, conhecer novas terras, estamos aprendendo a viver e a entender como a vida acontece. Calvino me fez viajar pelas possibilidades da vida, mas foi Durand que revelou que, na real, tudo é imaginário. Uma grande lição! E até hoje faço uso de sua Bacia Semântica e as fases pelas quais passam a construção do imaginário coletivo.

E para compreender melhor como as coisas "funcionam", Damásio fez emergir a importância da emoção para a tomada de decisão das pessoas. Enquanto desconfio que Lindstrom e Gobé tenham sido influenciados pelo "seu" Erro de Descartes, tenho certeza de que ambos, Lindstrom e Gobé, junto com Damásio, me influenciaram no modo pelo qual penso, analiso, planejo estrategicamente as marcas.

Damásio novamente me surpreende com *A Estranha Ordem das Coisas*, que leio e releio, e no qual sempre encontro novos significados e conexões. Para mim, os cinco sentidos (Lindstrom), as experiências emocionais (Gobé), a homeostasia e o florescer (Damásio), o ponto de mutação (Capra) se complementam para aguçar nosso olhar sobre as marcas da vida e a vida das marcas.

Dos muitos livros técnicos que li, um que me encanta pela sua forma e conteúdo é *Os Elementos do Estilo Tipográfico*, de Robert Bringhurst. Embora o livro tenha um denso conteúdo sobre tipografia, a forma de escrita do autor o deixa leve, literalmente gostoso. Por vício, sempre procuro saber sobre os autores que leio, e descobri que Bringhurst também é poeta, portanto, a "forma" estava explicada!!! Para exemplificar, já nas primeiras páginas encontramos o subtítulo: "A tipografia existe para honrar seu conteúdo". E segue:

---

[9] Idem, p. 15.

Assim como a oratória, a música, a dança, a caligrafia - como tudo que empresta sua graça à linguagem -, a tipografia é uma arte que pode ser deliberadamente mal utilizada. É um ofício por meio do qual os significados de um texto (ou sua ausência de significado) podem ser clarificados, honrados e compartilhados, ou conscientemente disfarçados (...)

Um dos princípios duráveis é, sempre, a legibilidade. Mas há um outro. Trata-se de um interesse, merecido ou não, que doa sua energia vital à página. Ele assume várias formas e recebe diversos nomes, incluindo serenidade, vitalidade, riso, graça e alegria (...)[10]

Além de utilizar o conteúdo deste livro na vida acadêmica e profissional, a principal contribuição dele foi deixar "mais do que" comprovado que, mesmo em uma temática densa, é possível fazer um texto agradável e encantador. Em minha opinião, a maioria dos textos técnico-científicos (entre outras coisas) são enfadonhos porque, por muitos séculos, a arte, a imaginação, a criatividade foram consideradas "as loucas da casa" e, por esse motivo, foram negadas pelos senhores das luzes. Segundo eles, o texto sério e importante não poderia conter graça e poesia. Bringhurst provou que um texto importante, assim como a vida, pode ter sim.

Sobre isso, Tolstói já advertia: "se toda a vida complexa de muita gente se desenrola inconscientemente, então é como se essa vida não tivesse sido"[11]. Mais do que nunca, necessitamos que a vida seja sentida para que ela tenha sentido. E para isso existe a arte, que provoca a reflexão da existência das coisas.

E graças a ela e aos autores da vida, concluo complementando as "Palavras que me Indefinem":

Vinicius
Shakespeare
Hemingway
Poe

Jazz
Blues

---

[10] BRINGHURST, Robert. *Elementos do Estilo Tipográfico.* p.23.
[11] CHKLOVSKY, V. *A arte como procedimento.* p. 44.

Rock
Bossa
MPB

Arte, muita arte para sentir a vida...
abstratas,
provocantes para um sentir complexo

Adoro o Sol, mas prefiro a Lua...
Cheia!

Amigos sempre são bem-vindos,
juntos vamos aprendendo,
desfrutando e construindo o nosso mundo.

Livros citados

BRINGHURST, Robert. *Elementos do Estilo Tipográfico*. São Paulo: Cosac, 2005.

CAPRA, Fritjof. *O Ponto de Mutação*. São Paulo: Cultrix, 2012.

CALVINO, Italo. *Se um viajante numa noite de inverno*. São Paulo: Companhia das Letras, 2000.

CHKLOVSKY, V. *A arte como procedimento*. In: EIKHENBAUM. *Teoria da literatura: formalistas russos*. 4. ed. Porto Alegre: Globo, 1978.

DAMÁSIO, António. *A Estranha Ordem das Coisas*. Lisboa: Temas e Debates, Círculo de Leitores, 2017.

DAMÁSIO, António. *O Erro de Descartes*. São Paulo: Companhia das Letras, 1996.

DURAND, Gilbert. *O Imaginário: ensaio acerca das ciências e da filosofia da imagem*. Rio de Janeiro: Difel, 1998.

GOBÉ, Marc. Brandjam: *O design emocional na humanização das marcas*. Rio de Janeiro: Rocco, 2010.

LINDSTROM, Martin. *Brandsense*. Porto Alegre: Bookman, 2007.

MORAES, Vinicius de. *Antologia Poética*. Rio de Janeiro: José Olympio, 1984.

MORAES, Vinicius de. *História Natural de Pablo Neruda - A elegia que vem de longe*. São Paulo: Companhia das Letras, 2006.

PARRISH, Anne. *A Gaiola Dourada*. In: *O Mundo da Criança, Vol. 4, Nossos amigos os animais e aventuras*. Rio de Janeiro: Delta, 1954.

" 10

O que ler significa para mim

Por Fabio Humberg

Diante da pergunta provocativa "o que aprendi com os livros?", fugi da armadilha de falar sobre os aprendizados obtidos nos inúmeros títulos profissionais ou técnicos que li em tantos anos de estrada. Esse gênero de leitura, que não é o meu favorito, em geral tem o objetivo de ensinar algo ao leitor. Em vez disso, tive a coragem de ir mais a fundo naquilo que é especificamente meu e está ligado às minhas memórias; mergulhei na relação que tenho com os livros. Segui a recomendação do escritor e jornalista norte-americano William Zinsser: *"De todos os assuntos que estão à sua disposição como escritor, aquele que você conhece melhor é você mesmo: seu passado e seu presente, suas ideias e emoções",* diz ele. E logo acrescenta: *"E, no entanto, é justamente esse o assunto que você mais tenta evitar."*[1]

Sou um leitor onívoro, mas com as minhas preferências bem definidas: ficção e relatos biográficos no topo da lista. As leituras desse universo costumam deixar marcas, estimular a curiosidade e se transformam, quase sem querer, em conhecimento e em impulso à criatividade. Elas envolvem personagens, situações, ambientes, diálogos, pensamentos, ações, linguagem e diversos outros elementos que, ao menos para mim, são estimulantes naturais e geram grandes doses de endorfina.

Passei a vida lendo e continuarei a fazê-lo, não pelas possibilidades de aprender com os livros – que são, além de variadas, infindáveis –, mas principalmente por serem uma fonte de prazer para mim. Não consigo entender como, apesar de todos os ganhos envolvidos, muita gente não lê. E não parece sentir falta dessa atividade. Mas esse é um fato. Existem pessoas capazes de dizer, até com uma ponta de orgulho, que depois que saíram da escola ou da faculdade nunca mais leram um só livro (ouvi isso certa vez de um conhecido, em visita à casa para onde me mudara, ao entrar no cômodo que eu usava como escritório, com estantes onde se acumulavam centenas de livros). O exemplo que acabo de citar entre parênteses não é um caso isolado. Lideranças das mais diversas áreas confessam, candidamente, sua aversão aos livros ou a falta de tempo para eles...

Como muitas pessoas com as quais me relaciono sabem que sou um leitor voraz, com certa frequência me perguntam quantos livros já li na vida ou quantos leio

---

[1] Zinsser, William. *Como escrever bem: o clássico manual americano de escrita jornalística e de não ficção*, p.166.

a cada ano. Acredito que mantive, ao longo dos últimos 50 anos, uma média de um livro por semana. Ou seja: 52 por ano e um total acumulado superior a 2.600. Os números podem ser um pouco maiores ou menores, mas a ordem de grandeza é essa. É muito? É pouco? Não importa a quantidade, e sim aquilo que eles me trouxeram – e que não é possível resumir em números.

O fato é que devo aos livros quase tudo que sei. Assim como quase tudo que sou.

***

Enquanto estava fazendo minhas primeiras anotações para o artigo, vi um *post* no Instagram da plataforma de empreendedorismo Além da Facul com o título "Por que desenvolver o hábito da leitura"[2], listando seis benefícios, nesta ordem:

- Estimula o aprendizado;
- Expande sua visão;
- Reduz o stress;
- Estimula a criatividade;
- Quebra paradigmas;
- Te liberta da ignorância.

Tendo a concordar com todos os porquês mencionados, ainda que considere pelo menos um deles exagerado (é o caso de "Te liberta da ignorância"). Ao mesmo tempo, sinto falta de outros argumentos. Por isso, complementando e aprofundando essa opinião, faço uso do que disse certa vez o historiador Leandro Karnal: *"Ler traz ideias, contesta versões, estimula autonomia. Ler retira da zona de conforto e provoca disrupturas existenciais. Ler é um passo na direção do infinito e um caminho sem volta na busca de si e de sentido."*[3]

Não tenho dúvida de que ler é fundamental para ampliar o repertório e os horizontes. Independentemente da atividade exercida, formação mais generalista e cultura geral são diferenciais – e a leitura é um meio para obtê-las. No ambiente empresarial, com o qual convivo há algumas décadas, a leitura

---

[2] *Post* de 25 de março de 2022, disponível em https://www.instagram.com/p/CbiGH5yrLrO/?utm_source=ig_web_copy_link. Acesso em 14 abr. 2022.

[3] Disponível em https://cultura.estadao.com.br/noticias/geral,ler-e-viver,70003158414. Acesso em 14 abr. 2022.

normalmente é pouco valorizada e reconhecida. Porém, posso assegurar que ela traz inúmeros benefícios aos indivíduos, no âmbito do trabalho – além dos prazeres, alegrias e até mesmo inquietações que proporciona a cada um de nós. Para começar, a formação cultural ampla se adequa melhor à flexibilidade e à polivalência exigidas dos profissionais de hoje. Poucas – ou mesmo nenhuma – atividades e profissões têm a mesma configuração e nível de exigência do que há 10 ou 20 anos. A velocidade cada vez maior das transformações leva à necessidade constante de novas habilidades, novas competências, novos conhecimentos, novas formas de abordar e interpretar os mesmos temas. Já não é possível usar apenas a formação técnica e a experiência, por melhores que elas sejam. O próprio conceito de formação continuada reconhece a realidade de que o conhecimento técnico é extremamente perecível, devendo ser renovado e até reconstruído periodicamente. Verdades científicas e conceitos que pareciam imutáveis perdem a validade da noite para o dia, e é preciso estar preparado para reagir rapidamente, sob pena de ficar ultrapassado. A questão que se coloca é: como fazer isso?

Na minha visão, ler livros de todos os tipos é uma atividade que precisa fazer parte do dia a dia dos profissionais – assim como ouvir música, ir ao cinema, assistir a espetáculos teatrais ou concertos, frequentar exposições de arte, viajar, aprender idiomas, estudar filosofia, discutir política, acompanhar o noticiário, conversar com pessoas de fora do seu círculo habitual. Tudo isso amplia horizontes, renova o repertório, aguça a curiosidade por saber mais, mostra outras formas de pensar e ver o mundo, contribui para o espírito crítico e para uma postura mais aberta. Ou seja, oxigena o cérebro.

Quanto mais conhecimento adquirimos, mais brotam ideias, mais conexões e inter-relações fazemos, mais soluções e alternativas somos capazes de criar e encontrar. Inclusive para a carreira profissional, que cada vez mais tende a não seguir uma só linha reta durante toda a vida. Em um mundo de instabilidades e incertezas, é sempre melhor estar equipado com uma cultura geral ampla, que permita reinventar-se e adaptar-se às novas situações e aos desafios que inevitavelmente surgirão.

***

Aquilo que penso fica mais claro com os comentários sobre um pequeno conjunto de livros que escolhi, por terem um significado especial na minha vida.

São apenas cinco, que não devem ser vistos como os melhores que li, mas como exemplos do impacto que bons textos e boas histórias podem ter. O que há de comum entre eles – além da qualidade – é o fato de terem sido lidos por mim, pela primeira vez, antes dos 21 anos – e relidos mais tarde. São, portanto, livros que me acompanham, de cujos personagens e episódios sempre me recordo. E com os quais sempre me deleito – e aprendo.

Três deles têm relação direta com a criança leitora que fui, introspectiva, tímida e curiosa. E especialmente fã de aventuras, fossem elas ficcionais, representadas aqui por *Robinson Crusoé* (romance de Daniel Defoe, publicado originalmente em 1719), ou reais, casos de *A Expedição Kon-Tiki* (do norueguês Thor Heyerdahl) e de *A incrível aventura de Shackleton* (contada pelo jornalista norte-americano Alfred Lansing).

Outros dois são clássicos da literatura, de épocas muito distintas, que se conectam aos demais por também terem ligações com aventuras e viagens, mas que deles se descolam pela linguagem e pelas temáticas universais que abordam: *Dom Quixote,* de Miguel de Cervantes, e *Grande sertão: veredas*, de João Guimarães Rosa.

Livros como esses cinco têm potencial para nos trazer muitos ensinamentos e *insights*. Tratam de experiências humanas, não importa se reais ou fictícias, que nos impactam, em maior ou menor grau, provocando emoções e estimulando reflexões. Na sua leitura, há muito que aprender – e sem perceber que estamos aprendendo. Por exemplo, atitudes ou momentos emblemáticos que ficam na nossa memória e que acessamos, até mesmo inconscientemente, quando precisamos reagir a uma determinada situação.

Os personagens ou protagonistas dos livros que escolhi fazem parte de um acervo de referências importantes para mim, por diversos motivos: vivências, valores, formas de pensar, decisões tomadas, reações diante de adversidades, entre vários outros.

Buscar soluções e caminhos, independentemente de quão difícil pareça a situação. Essa é uma marca da trajetória de Robinson Crusoé em sua longa permanência como náufrago na ilha. Ele mesmo diz isso: *"Com paciência e persistência realizei um sem-fim de coisas"* – o que reforça em mim a percepção, que ressurge em momentos em que parecem não haver saídas, da importância de tentar, perseverar, usar os conhecimentos adquiridos e recorrer à criatividade quando outras possibilidades se fecham. Para isso, ele mostra resiliência e não desanima quando tudo dá errado, mantendo-se firme em sua luta para sobreviver nas melhores condições em um ambiente inóspito e em isolamento total (pelo menos até encontrar Sexta-Feira). *"Aprendi a olhar para o lado de minha situação onde havia luz e menos para o lado sombrio"*, resume, com simplicidade e sabedoria, numa lição *avant la lettre* de inteligência emocional.

Nos relatos das aventuras dos exploradores Ernest Henry Shackleton e Thor Heyerdahl também ganham destaque a perseverança, a resiliência, a superação – como em *Robinson Crusoé*. Seus líderes eram homens determinados, que acreditavam nas suas ideias e intuições, mas que partiram para as suas viagens depois de muito estudo e pesquisa, seguido de meticuloso planejamento. Nos dois casos, os desafios eram imensos: atravessar o continente antártico a pé pela primeira vez (no ano de 1914), passando sobre o Polo Sul; e cruzar o Oceano Pacífico do Peru à Polinésia em uma jangada rústica, para buscar validar a tese de que as ilhas dessa região haviam sido povoadas por habitantes oriundos da América do Sul.

A viagem de Shackleton foi mais conturbada, com o navio Endurance ficando preso no gelo dos mares da Antártida e sendo despedaçado pela movimentação das placas geladas, quando faltava pouco para chegarem ao ponto previsto para o desembarque. Daí em diante, é uma história de luta pela sobrevivência, em que liderança, coragem, tenacidade, firmeza e criatividade são ingredientes centrais – e que são inspiração para quem lê o livro e se emociona com as desventuras do grupo. A esses atributos positivos, soma-se o valor do trabalho em equipe, assim como o das habilidades e dos conhecimentos individuais, que foram essenciais para que todos os participantes da expedição saíssem vivos de uma situação-limite. O papel de líder de Sir Ernest Shackleton, avaliando as possibilidades, entendendo as potencialidades de cada tripulante e, ao mesmo tempo, motivando o grupo, buscando evitar problemas de relacionamento e cuidando dos suprimentos, é mais um aspecto que merece ser salientado: trata-se de um líder inspirador.

Thor Heyerdahl, por sua vez, enfrentou uma viagem menos conturbada, embora com percalços e dificuldades como tempestades e tubarões. O que me fascinou em seu livro A *Expedição Kon-Tiki*, além da narrativa envolvente, foi a mescla de ousadia, determinação e confiança no conhecimento adquirido que esse explorador e cientista norueguês mostrou. Ele quis – e conseguiu – provar ao mundo que aquilo em que acreditava era verdade, organizando para isso uma travessia extremamente arriscada, utilizando uma embarcação semelhante às que os povos pré-colombianos tinham à sua disposição. Ele estava certo de que a Polinésia havia sido colonizada originalmente por indivíduos vindos da América do Sul, em virtude de estudos que fizera das semelhanças entre habitantes de ambas as regiões, assim como das estátuas do tipo totem existentes nelas (no caso da América, eram as da Ilha de Páscoa). E a sua viagem contribuiu para que essa ideia – posteriormente confirmada com estudos de DNA – ganhasse corpo.

Uma característica de Heyerdahl que aprecio muito é não se deixar abalar com as críticas e contestações às suas ideias. Ele não se desvia do seu objetivo nem faz concessões, apesar do grande número de pessoas – incluindo personalidades reconhecidas à época – que discordavam da sua tese e que se opunham à sua viagem ou a consideravam descabida. A sua firmeza de propósitos e o seu autocontrole são elogiáveis!

Essa postura do explorador norueguês se conecta com versos da canção de Mitch Leigh e Joe Darion, utilizada no filme *Man of La Mancha*, inspirado em *Dom Quixote*:

> *To dream the impossible dream*
> *To fight the unbeatable foe*
> *To bear with unbearable sorrow*
> *And to run where*
> *The brave dare not go*[4]

Começo, assim, a falar de *Dom Quixote* a partir desse tema da canção: o valor de seguir em frente com os sonhos e crenças, não importando as dificuldades enfrentadas e a opinião dos demais.

---

[4] A canção, denominada *Impossible Dream (The Quest)*, foi adaptada por Chico Buarque e Ruy Guerra, ficando conhecida no Brasil na voz de Maria Bethânia. Na versão em português, os versos têm diferenças de conteúdo, mas mantêm o sentido da letra original: *Sonhar mais um sonho impossível / Lutar quando é fácil ceder / Vencer o inimigo invencível / Negar quando a regra é vender.*

A resiliência e a fidelidade aos próprios propósitos e ideais, que já mencionei como características chave de outros personagens, estão presentes com enorme intensidade em *Dom Quixote:* ele não desiste da sua luta, por mais decepções que tenha e batalhas (mesmo que imaginárias) que perca. Não se rende às dificuldades enfrentadas, nem com o porte de seus inimigos (entre os quais "gigantes", que na realidade são os moinhos de vento), mantendo a determinação de seguir em frente.

Da mesma forma, ele não renuncia aos seus valores – identificados com os ideais cavaleirescos, entre os quais coragem, lealdade, generosidade, busca da justiça e ética –, ainda que os demais considerem que as causas pelas quais luta são causas perdidas, e que ele mesmo perceba isso. Torcemos por ele, sabendo que não vai ganhar, justamente porque *Dom Quixote* representa o que podemos ter de melhor em termos de atitudes altruístas, idealismo e dedicação aos "bons combates".

Por sua vez, *Grande sertão: veredas* é daqueles livros que podem ser lidos diversas vezes, percebendo a cada uma delas novos motivos para se encantar, com as reflexões e ações dos personagens (especialmente com Riobaldo, o narrador), com as descrições de episódios e do ambiente em que ocorrem, assim como com a riqueza da linguagem. Meu exemplar original está coalhado de anotações e de trechos sublinhados, aos quais muitas vezes recorro em busca de inspiração. Identifico-me com frequência com a maneira de pensar e de agir de Riobaldo, que foge do convencional e não segue regras preestabelecidas – buscando seu próprio jeito de fazer as coisas, mesmo que esse caminho seja mais árduo. Fortaleço as minhas convicções contra o "comportamento de manada" quando leio a seguinte afirmação desse personagem tão marcante: *"eu toda a minha vida pensei por mim, forro, sou nascido diferente. Eu sou é eu mesmo. Divêrjo de todo mundo".*

Além de refletir sobre o sentido da vida, na longa recapitulação das suas andanças, Riobaldo conta como foi acumulando experiências e conhecimentos que permitiram a ele se tornar o líder de um grupo de jagunços que enfrentam inúmeros desafios. Valoriza, portanto, a trajetória percorrida e os aprendizados obtidos, o que explicita em uma de suas frases lapidares: *"Minha competência foi comprada a todos os custos, caminhou com o pé da idade".*

A capacidade de observação e a intuição se somam a essa valorização da experiência, na sua condição de líder. É o que explicita quando comenta que *"Um chefe carece de saber é aquilo que ele não pergunta".*

Paro por aqui os comentários sobre esses cinco livros que me foram fundamentais, estando ainda mais consciente dos inúmeros aprendizados que obtive com eles – muitos dos quais sem me dar conta. Outros me trouxeram e me trarão mais estímulos às sinapses, renovando e ampliando o meu repertório.

***

Ler acrescentou muito à minha vida, como já ressaltei mais acima. Ler me ensinou, me encantou, me emocionou, me conectou com um mundo amplo e diversificado. Ler me formou como quem sou.

Sem ler, minha vida teria sido muito diferente. Se viver é muito perigoso, como diz diversas vezes Riobaldo, ao longo do *Grande Sertão: Veredas*, eu diria que viver sem ler é abrir mão de soluções, alternativas e consolos para os perigos.

Livros citados[5]
CERVANTES, Miguel de. *El ingenioso hidalgo Don Quijote de La Mancha.* Madrid: Edaf, 1980.
DEFOE, Daniel. *Robinson Crusoé.* Tradução Leonardo Fróes. São Paulo: Ubu, 2021.
HEYERDAHL, Thor. *A expedição Kon-Tiki.* Tradução Agenor Soares de Moura. Rio de Janeiro: José Olympio, 2013.
LANSING, Alfred. *A incrível viagem de Shackleton.* Tradução Sérgio Flaksman. Rio de Janeiro: Sextante, 2022.
ROSA, João Guimarães. *Grande sertão: veredas.* 17ª ed. Rio de Janeiro, Nova Fronteira, 1985.
ZINSSER, William. *Como escrever bem: o clássico manual americano de escrita jornalística e de não ficção.* Tradução Bernardo Ajzenberg. São Paulo, Fósforo, 2021.

---

[5] Foram citadas edições recentes de alguns dos livros, pois os exemplares originalmente lidos não estavam mais em posse do autor do texto.

Relações delicadas: contribuições da arte para o trabalho

Por Luis Felipe Cortoni

Quando me convidaram para este trabalho, que parecia fácil, logo começei a revirar minha memória para encontrar algum livro ou conto que tivesse me marcado e seguisse comigo durante minha vida. Rapidamente consegui pensar em dois textos que considero inesquecíveis.

Eles não são técnicos, nem teóricos, mas dramáticos (no sentido literário mesmo)! Os dois eu conheci nos velhos e bons anos 1970 (estou ficando velho, né?), e até hoje me impressionam pela sagacidade (atualmente, o termo para isso seria sacação) com que desnudam o ser humano e suas relações. Desde aqueles tempos, consigo usá-los como chaves de entendimento nos trabalhos com grupos que eu conduzo há 36 anos, no dito mundo corporativo.

O primeiro deles é *A saúde dos doentes*, conto de autoria de Julio Florencio Cortázar (1914-1984), que está no livro *Todos os fogos o fogo*. Cortázar é um escritor argentino, que depois se tornou cidadão francês. Os críticos de literatura identificam uma parte da sua corrente literária como sendo o realismo fantástico, assim como Gabriel García Márquez, entre outros tantos.

Este texto, eu o utilizei no início dos anos 1980 para provocar a reflexão nos meus alunos do último ano de Psicologia. Nessa época, eu dava aula na cadeira de Morte e Tentativa de Suicídio, na Faculdade Objetivo (hoje UNIP). Soa estranho, mas é isso mesmo. Esta disciplina, à época, fazia parte da grade curricular da graduação, como uma especialidade de Psicologia Hospitalar, que dava seus primeiros passos para se consolidar, mais tarde, como uma das áreas de atuação de psicólogos. Como você já deve ter percebido, sou um desses profissionais (me formei em 1979).

Exatamente nesta mesma época, prestei vestibular novamente e entrei na Faculdade de Filosofia na USP (a famosa FFLCH). Foi lá que conheci o segundo texto, nas aulas de existencialismo. Me refiro à peça de teatro *Entre quatro paredes*, encenada pela primeira vez em 1944, de autoria de Jean-Paul Sartre (1905-1980), filósofo, escritor e crítico francês, conhecido como um dos principais representantes do existencialismo.

Me desculpem o saudosismo, mas que época estes anos 1970! Que tempo de aprofundar conhecimento, de debater, de discutir... de despirocar. Porém agora, tenho que confessar um dos grandes arrependimentos da minha vida (tive outros menores): não completei a graduação em Filosofia. Abandonei o curso por conta das necessidades concretas da fase de vida que eu passava. Precisava de uma definição profissional e de dinheiro, pois já estava com 26 anos! e não tinha me decidido para onde caminhar profissionalmente, e isto me empurrou para a dura realidade, e para a salvação chamada Mercedes Benz do Brasil. Você pode estar estranhando, pelo que pôde conhecer de mim até agora (psicologia, filosofia, suicídio...), mas a verdade é que fui trabalhar lá, na área de treinamento e desenvolvimento de líderes (de 1981 a 1983). Relutei muito logo de início, pois minhas convicções (filosóficas inclusive) eram muito diferentes daquelas das pessoas com quem iria conviver, mas não me arrependi, pois acabei encontrando o tal caminho. Foi lá que consegui perceber que as relações humanas têm uma natureza comum, mesmo que aconteçam em contextos diferentes. Foi o começo da minha carreira na área de Recursos Humanos, que desembocou na consultoria de desenvolvimento de pessoas e de grupos que faço até hoje. De qualquer forma, como já mencionei, estes dois textos nunca mais saíram da minha cabeça e da minha vida, e por isso os escolhi. Gostei demais de relê-los (pela enésima vez) para poder contar a minha experiência com eles e mostrar de que forma me impactaram e me ajudaram.

***

Começo por *A saúde dos doentes*. A trama toda se desenvolve no seio de uma família com os seguintes personagens:

Mamãe: a doente

Tio Roque e tia Clélia: os irmãos da mamãe

Rosa, Pepa, Alejandro e Carlos: os filhos da mamãe

Doutor Bonifaz: o médico

Maria Laura: a noiva de Alejandro

Mamãe está muito doente e não pode ter sobressaltos. Tudo deve ser ameno neste momento de sua existência, já que a pressão alta pode acabar com sua vida. A família então se mobiliza em torno de cuidados para que tudo fique sob controle e não afete a pressão de mamãe.

Alejandro, que parece ser o filho mais novo e preferido de mamãe, viaja ao exterior para a casa de um amigo, e morre em um acidente de carro.

...era assim para todos, menos para mamãe, para ela Alejandro estava no Brasil onde a firma de Recife lhe encomendara a instalação de uma fábrica de cimento.

...nada era fácil, porque, nessa época, a pressão de mamãe subiu mais ainda, a família chegou a perguntar-se se não haveria alguma influência inconsciente, alguma coisa que ultrapassava o comportamento deles todos, uma inquietação e um desânimo que faziam mal a mamãe apesar das preocupações e da falsa alegria. Mas não podia ser, porque à força de fingir sorrisos, todos acabavam rindo deveras com mamãe, às vezes pilheriavam e davam palmadas uns nos outros mesmo quando não estivessem com ela, depois se olhavam como se acordassem subitamente, Pepa ficava muito vermelha e Carlos acendia um cigarro com a cabeça baixa. O importante, no fundo, era que o tempo passasse e mamãe nada percebesse. Tio Roque falara com o doutor Bonifaz, e todos estavam de acordo que a piedosa comédia *(o grifo é meu)*, como qualificava tia Clélia, devia continuar indefinidamente.

Assim a trama se desenvolve: todos sabiam que Alejandro havia morrido, menos mamãe. Graças à conspiração de todos, ele era mantido vivo através de cartas escritas em seu nome, e seu retorno era sempre adiado em função de problemas nas relações diplomáticas entre o Brasil e a Argentina ou de novos convites para trabalhar.

É impressionante como Cortázar capta com profundidade a questão dos relacionamentos humanos dentro dessa família. Claro que podemos universalizar os comportamentos descritos por ele, e até utilizar suas descrições neste conto como chave de entendimento das relações que travamos nas nossas famílias: adultos tratados como crianças, mentiras que se transformam em verdades, coreografias para demonstrar falsos e verdadeiros sentimentos e afetos... A preservação da unidade familiar nos cobra isso, que se transforma em uma aprendizagem importante para sobreviver em outras instituições que frequentamos (alguém pensou em empresas?). Dizemos que fazemos isto tudo pelo Outro, em nome de preservá-lo de infortúnios.

Se pensarmos bem, esse esforço nos exige muito mais investimento de energia do que simplesmente falar, esclarecer os fatos, ser transparente e franco. Os vínculos entre pessoas se reforçam mais quando a relação é mediada pela sinceridade e pela manifestação de verdades emocionais. Sei que não é fácil. Sei também que muita gente não se incomoda com estas questões e "toca a vida" nestes coletivos sem muito sofrimento. Outros, talvez mais sensíveis, sofrem com o enredamento em relações complicadas e muitas vezes não conseguem encontrar seu equilíbrio pessoal na convivência com os Outros.

Este conto e as cenas narradas nele me apoiam durante a facilitação de grupos do meu trabalho de consultoria e, claro, nos almoços de família no domingo. Nestes grupos coloco muito foco no "não dito", buscando revelar as questões mais importantes da dinâmica de seu funcionamento que seus membros não percebem, ou não querem perceber, ou, ainda, quando percebem, muitas vezes não nomeiam. Elementos que são fundamentais para diminuir as tensões internas, reforçar a confiança mútua e, quando for o caso, também dar ao grupo a consciência do seu funcionamento invisível.

Vejam o final surpreendente do conto (me desculpem, vem aí um *spoiler*). Os familiares estão reunidos em volta da cama de mamãe.

> *– Como vocês foram bons comigo – disse mamãe, – Esse trabalho todo que vocês tiveram para que eu não sofresse.*
> *(...) – Vocês tomaram conta de mim... – disse mamãe, e Pepa apertou a mão de Rosa, porque finalmente aquelas palavras tornavam a colocar tudo na ordem, restabeleciam a longa comédia necessária. Mas Carlos, ao pé da cama, olhava para mamãe como se soubesse que ela ia dizer mais alguma coisa.*
> *– Agora vocês vão poder descansar – disse mamãe. – Já não* <u>lhes</u> *(o grifo é meu) daremos mais trabalho.*
>
> *Tio Roque ia reclamar, dizer alguma coisa, mas Carlos aproximou-se dele e apertou-lhe violentamente o ombro. Mamãe perdia-se, pouco a pouco, numa sonolência, era melhor não incomodá-la.*
>
> *Três dias depois do enterro chegou a última carta de Alejandro, na qual, como sempre, perguntava pela saúde de mamãe e de tia Clelia. Rosa, que a recebera, abriu-a e começou a lê-la sem pensar e, quando levantou os olhos, porque de repente as lágrimas a cegavam, percebeu que enquanto lia a carta estivera pensando de que forma haveriam de dar a Alejandro a notícia da morte de mamãe.*

Simplesmente brilhante!

***

Para colocar um pouco mais de pimenta na questão dos relacionamentos humanos, vou analisar o drama *Entre quatro paredes*. O texto de Sartre é uma alegoria do inferno sem fogo e sem torturas. A falta de liberdade, limitada pelos Outros, é interpretada como sendo a pena que precisa ser cumprida no inferno. A peça tem quatro personagens: um criado, duas mulheres (Estelle e Inês) e um homem (Garcin).

O criado, sóbrio, recebe seus "hóspedes", que foram condenados a uma eternidade em companhia um dos outros. A trama se passa numa sala, onde essas três pessoas mortas (que cometeram assassinato), desconhecidas e completamente diferentes umas das outras, se encontram. O relacionamento é imperativo e a impossibilidade da relação se manifesta claramente. Não existem espelhos, nem janelas, nem portas: não se pode ver a si mesmo nem quem está fora, só as outras pessoas na sala. A luz não se apaga, os olhos não se fecham, é preciso ver e estar com o Outro e com a própria consciência, que será revisitada na pós-morte.

Garcin diz:

> *A gente abria e fechava; isso se chamava piscar. Um pequeno clarão negro, um pano que cai e se levanta, e aí a interrupção. Você nem imagina que alívio. Quatro mil repousos em uma hora. Quatro mil pequenas fugas.*

Trata-se, portanto de uma espécie de acerto de contas consigo mesmo e na presença do Outro, que cobra alto pela convivência.

Para Sartre, o inferno é o local onde todo o sofrimento é proporcionado pelos Outros, pela incapacidade que cada um tem de fugir ao olhar e ao julgamento alheios. Não há como adotar novas posturas em relação a eles. A vida já foi vivida, as decisões foram tomadas, não há como escapar dos rótulos que "eles" nos impõem. O inferno de Sartre é uma metáfora da vida numa perspectiva quase niilista. Cada personagem vê no Outro sua salvação e sua danação.

Garcin e Inês conversam. Garcin:

> *Vocês estão malucas? Não conseguem ver a que ponto a gente vai chegar assim? Calem a boca! (pausa). A gente vai se sentar tranquilamente, fechar os olhos, bem bonitinho, e cada um vai tratar de esquecer a presença dos outros.*

Inês:

> *Ora, esquecer! Que coisa infantil! Eu te sinto até nos ossos. O teu silêncio*

*grita nas minhas orelhas. Pode costurar a boca, cortar a língua, isso impedi-
ria você de existir? Você vai parar de pensar? Eu te escuto, você faz tique-
-taque, como um despertador, e sei que você me escuta.*

Mesmo precisando uns dos outros, não cedem. Na verdade, cada um despreza os que mais precisam de ajuda. "O inferno são os Outros" é a frase com a qual Sartre identifica (no trecho abaixo, pela voz de Garcin) tudo que quis dizer na peça, sentenciando o que todos nós, de alguma forma, vivemos ou temos que viver.

Garcin:

*A estátua de bronze... (Ele a acaricia). Pois bem, este é o momento. A estátua
está aí, eu a contemplo e compreendo que estou no inferno. Eu garanto que
tudo estava previsto. Eles previram que eu ia ficar na frente desta lareira,
passando a mão na estátua, com todos estes olhares sobre mim. Todos estes
olhares que me devoram... (Ele se vira de repente). E vocês, são apenas duas?
Ah, eu pensava que vocês seriam muito mais numerosas. (Ri). Então, é isto
o inferno. Eu não poderia acreditar...Vocês se lembram: enxofre, fornalhas,
grelhas...Ah! Que piada. Não precisa nada disso: o inferno são os Outros.*

Um tempo depois de ler o livro, tive a oportunidade de ver a encenação da peça em um teatro em São Paulo e nunca mais me esqueci dela e nem do texto. No teatro, a interpretação, obviamente, torna os personagens mais reais e nos carrega para a introspecção. Impossível não pensar na nossa vida, nas relações com nossos "outros".

No contraponto do meu comentário sobre o conto de Cortázar, em que as re-lações são protetoras e protegidas, Sartre condena seus personagens ao castigo infernal que é o convívio com pessoas que perderam suas defesas e *"proteções sociais e precisam viver com suas consciências brutalmente afloradas, de tal forma que nada pode ser escondido do outro"*. (conforme comenta Miguel Sanches Neto, no prefácio ao livro)

Estelle falando para Inês:

*Eu não sei. Você me intimida. Minha imagem nos espelhos ficava aprisio-
nada. Eu a conhecia tão bem...Eu vou sorrir; mas meu sorriso vai pro fundo
dos teus olhos, e sabe Deus o que ele vai virar.*

***

Minha identificação com as ideias apresentadas nos dois textos marcou muito a forma como vejo e analiso as relações humanas, onde quer que elas aconteçam. Na consultoria às organizações, que realizo desde 1986, adoto hoje um *approach* mais "clínico". Dessa forma, consigo fazer intervenções de ajuda nas relações entre profissionais e grupos de trabalho pensando no fundo, no "inferno" e no esforço relacional que cada um faz no mundo organizacional para sobreviver e se realizar profissionalmente. Neste local, o relacionamento é imperativo, e suas impossibilidades (conflitos, incompatibilidades, diferenças de interesse e de desejos...) estão demonstradas brilhantemente nos dois textos.

A formação mais conceitual e prática para exercer este papel de "consultor clínico" nas organizações vem da escola italiana de Psicossocioanálise. Sou um dos fundadores da Ariele Brasil[1], juntamente com outros colegas que ajudam a promover a saúde das organizações e de seus atores.

Trabalhar e viver em organizações implica a realização de uma certa coreografia adaptativa ao ambiente de trabalho, que cada um desenvolve nem sempre de acordo com seus valores e crenças. Os mais pragmáticos dizem que é assim que se sobrevive lá, fazendo concessões e afrontando seus limites; e, assim, parece que não sofrem. Alguns chamam este comportamento erroneamente de resiliência. Uma questão que passa despercebida no uso deste termo é que a tal resiliência, que está sendo utilizada como sinônimo de uma habilidade máxima de adaptação ao meio, pode significar não à criatividade, à inovação, à consciência e à indignação. Por outro lado, o sofrimento, a inconformidade, a visão crítica são alguns dos conhecidos motores e propulsores da criação e da inovação, enfim, da mudança e da busca pelo novo.

Com esta forma de compreender e atuar nas organizações, não reproduzo, e critico muito, o *mainstream* das intervenções no seu lado humano: soluções de prateleira, receitas fáceis, dicas superficiais. Muitas empresas estão à procura de soluções menos enlatadas e mais sob medida para suas questões de relacionamento, colaboração, engajamento e saúde mental. Alguém que possa verda-

---

[1] A associação sem fins lucrativos usa o conceito e a abordagem da Psicossocioanálise para ajudar pessoas a compreender como o mundo à sua volta impacta no seu mundo interno, e a reciprocidade desse movimento, numa relação de influência mútua. Acredita que organizações podem e devem ser um espaço de convivência saudável para produzir riquezas, desenvolvimento humano e transformação social.

deiramente escutar, compreender e, se for o caso, criticar seu modo típico de funcionar ajudando a construir e celebrar entre pessoas novos e mais saudáveis pactos de convivência no trabalho. Prefiro atuar com esta complexidade das relações, coisa que nem todos gostam ou querem enfrentar.

Por isso tudo escolhi e comentei os dois textos. Cortázar e Sartre têm uma visão única das relações humanas, cada um à sua maneira. A experiência organizacional contemporânea para as pessoas tem sido, inclusive, motivo de adoecimento mental. Utilizar estas visões como uma chave de entendimento para desnudar os relacionamentos na vida corporativa tem, cada vez mais, me fascinado. Mais do que isso, ajudar pessoas e grupos a entenderem seu contexto e a se relacionarem com mais saúde tem sido minha maior motivação de trabalho hoje.

Livros citados

CORTÁZAR, Julio Florencio. *Todos os fogos o fogo.* Rio de Janeiro: Civilização Brasileira, 1972.

SARTRE, Jean-Paul. *Entre quatro paredes.* 4ª ed. Rio de Janeiro: Civilização Brasileira, 2006.

Interpretar o presente com olhos de criança

Por Giulia Salvatore

Viajar sempre foi uma das minhas paixões. Seja por uma quebra na rotina, um flerte com o desconhecido ou uma expansão de horizontes, viagens sustentam e motivam a minha existência de certa maneira. Ao longo dos meus jovens 22 anos de vida, fui me dando conta de que nem sempre as viagens acontecem da forma que eu projeto e, para o espanto da Giulia criança, elas podem acontecer sem que eu tenha sequer deixado o espaço entre as quatro paredes do meu quarto. Os livros, em um primeiro momento, entraram na minha vida para cumprir esse papel: me levar para viagens que muitas vezes meu corpo físico não poderia fazer. Ainda hoje eles têm essa função, porém, com a chegada do último ano da faculdade de Comunicação Social com habilitação em Rádio Televisão e Internet, o temido TCC e a vida profissional se solidificando, certas "aventuras livrescas" tiveram que ser substituídas por outras mais acadêmicas, conceituais e práticas para essa fase da vida (e não necessariamente menos interessantes). De romances encantadores a boas referências bibliográficas, os livros que trago aqui marcaram minha trajetória de maneiras diversas e espero poder convidar você para as viagens que fiz com cada um deles. Todos a bordo?

* * *

As leituras obrigatórias da escola, muitas vezes indesejadas e motivo de protestos em vão, tornaram-se parte fundamental da minha iniciação como leitora ávida (hoje sinto falta desse empurrão, que me fazia pular de um título a outro). Foi com *Os Irmãos Coração de Leão*, da sueca Astrid Lindgren, que o final dos meus protestos começou. Voltado para o público infanto-juvenil, esse romance fantástico e de extrema sensibilidade me ensinou lições sobre a morte, a coragem e a força (muitas vezes oculta) que habita cada um de nós. Por ter adorado o livro e acreditado tanto em seu poder de despertar o gosto pela leitura em mim, o indiquei para meus dois irmãos mais novos na esperança de provocar o mesmo neles. Minha missão não teve o resultado esperado, mas posso dizer, satisfeita, que a trama os encantou e é lembrada por eles até hoje. Foi um de meus irmãos, inclusive, quem me lembrou do livro quando conversávamos sobre as histórias que mais gostávamos de ler. E é curioso o fato de toda a trama envolver justamente uma relação de irmandade.

O livro conta a história de Jonathan e Karl, dois jovens irmãos que vivem em uma região muito pobre da Suécia. Jonathan, o mais velho, é a figura perfeita do herói esbelto, justo e bondoso e Karl, o mais novo, é um menino tímido que sofre com os estágios finais de uma tuberculose violenta e admira seu irmão como nunca poderia ter feito com o pai, que os abandonou. Na tentativa de confortar seu irmão doente, Jonathan conta histórias sobre Nangiyala, uma terra fantástica além da morte e do tempo, onde aventuras incontáveis aguardam os dois. Em um incêndio repentino, Jonathan morre para salvar seu irmão, que também falece logo em seguida. Os dois se reencontram em Nangiyala, onde se deparam com vilões impiedosos, monstros indescritíveis e amores platônicos. O que jamais poderiam imaginar é que uma jovem paulistana de 13 anos estava ao lado deles em cada curva. Eu chorei, sorri, me apaixonei junto dos dois e aprendi de uma forma delicada que a coragem e o heroísmo se manifestam das maneiras mais variadas.

Apesar de ter me envolvido muito com a narrativa e lembrar das fortes emoções que senti, a maior lição do livro veio justamente no momento em que escrevia este texto, com a pesquisa feita para essa indicação. Minha ideia era trazer Os *Irmãos Coração de Leão* como uma referência valiosa para o encorajamento da leitura infantil, seja por sua riqueza narrativa, seja pela qualidade de sua escrita, mas acabei me deparando com um novo valor no próprio posicionamento da autora.

Lindgren, que também concebeu o clássico *Pippi Meialonga* (1945), escreve sobre temas muitas vezes considerados pesados para seu público-alvo, como a pobreza, a morte, a tirania, a traição e o sacrifício. Sua verdadeira proposta, no entanto (e é aí que minha grande lição entra), é convidar os adultos que se deparam com suas obras a lerem como as crianças o fazem: sem análises conceituais, sem tentativas de entender o que o autor quis dizer com isso ou aquilo, um envolvimento genuíno com a história e seus personagens, um mergulho livre na viagem que seu livro propõe. Foi pesquisando mais a fundo o posicionamento de Lindgren que me deparei com seu artigo *"Why do we write children's books?"*[1]. Nele, ela cita Isaac Singer, um escritor vencedor do Prêmio Nobel de Literatura. Com ele, embarquei em uma nova viagem.

Isaac Bashevis Singer foi um renomado escritor polonês que passou a maior parte de sua vida nos Estados Unidos. Lindgren relata que, em um de seus

---

[1] LINDGREN, Astrid; POWELL, Elizabeth Sofia. Why do we write children's books. *Children's Literature*, vol. 45, 2017, p. 188-195. Project MUSE, doi:10.1353/chl.2017.0009. Disponível em: https://muse.jhu.edu/article/661143. Acesso em: 25 jun 2022.

depoimentos no dia em que recebeu o Prêmio Nobel, Singer respondeu à pergunta do porquê escrever para crianças da seguinte maneira:

> There are five hundred reasons why I began to write for children, but to save time I will mention the most important.
> Children read books, not reviews. They don't give a hoot about the critics.
> Children don't read to find their identity.
> They don't read to free themselves of guilt, to quench the thirst for rebellion, or to get rid of alienation.
> They have no use for psychology.
> They detest sociology.
> They don't try to understand Kafka or Finnegans Wake.
> They still believe in God, the family, angels, devils, witches, goblins, logic, clarity, punctuation, and other such obsolete stuff.
> They love interesting stories, not commentary, guides, or footnotes.
> When a book is boring, they yawn openly, without any shame or fear of authority.
> They don't expect their beloved writer to redeem humanity. Young as they are, they know that it is not in his power. Only the adults have such childish illusions.[2]

As palavras de Singer encontraram abrigo no meu intelecto universitário, porém, mais do que isso, ganharam a simpatia da minha criança interior, aquela que protestava contra as leituras obrigatórias. De fato, no ambiente acadêmico, nos forçamos a tomar gosto por textos teóricos, ideologias elaboradas e narrativas metafóricas que muitas vezes buscam devolver respostas para perguntas que sequer fizemos. Claro que cada um deles tem sua importância; jamais

---

[2] LINDGREN, Astrid; POWELL, Elizabeth Sofia. Why do we write children's books, p. 188. Tradução livre de Maggi Krause: "Há 500 razões pelas quais comecei a escrever para crianças, mas para poupar tempo vou mencionar a mais importante. Crianças leem livros, não resenhas literárias. Eles não dão a mínima para as críticas. Crianças não leem para encontrar suas identidades. Elas não leem para se libertar de culpa, para sufocar a sede por rebelião ou para se livrar da alienação. Elas não têm utilidade para a psicologia. Elas detestam sociologia. Não tentam compreender Kafka ou Finnegans Wake. Elas ainda acreditam em Deus, na família, em anjos, demônios, bruxas, *goblins*, lógica, clareza, pontuação e outras dessas coisas obsoletas. Elas amam histórias interessantes, não comentários, guias ou notas de rodapé. Quando um livro é tedioso, elas bocejam abertamente, sem qualquer vergonha ou medo de autoridade. Elas não esperam que seu autor amado vá salvar a humanidade. Jovens como são, elas sabem que isso não está em seu poder. Somente os adultos têm esse tipo de ilusão infantil."

intencionaria diminuir o apreço pelos clássicos, os essenciais ou os recomendados, mas sinto que esse movimento muitas vezes nos deixa engessados na própria leitura da vida. Nem sempre precisamos forçar uma análise interpretativa dos acontecimentos que se desenrolam dia após dia, e muitas vezes é exatamente isso que fazemos. Alguns momentos pedem o olhar genuíno de uma criança, um que se envolve despretensiosamente com a narrativa em si, sem justificativas, sem respostas aparentes, sem referências bibliográficas. Me propus a ser influenciada pelas palavras de Singer na maneira como leio cada novo personagem que surge em minha vida: com um olhar atento, interessado e esperançoso.

* * *

Como a vida também é feita de leituras complexas e a *teorização das coisas* pode nos ajudar a justificar nossa existência, eu parto agora do meu discurso empirista, desbravador e mais *viajado*, para algo mais acadêmico, pé no chão, *sancho panchesco*, na tentativa de mostrar que muitas vezes (senão todas as vezes), os universos se conectam e as viagens se dão tanto no céu quanto na terra.

Lembro que sempre ouvia o nome dos grandes Marx, Kant, Nietzsche, Freud, Hegel e tantos outros com certo medo. Achava que seus pensamentos seriam complexos demais, sua retórica rebuscada demais e suas conclusões incompreensíveis para mim. Até que tive de entender Hegel para a faculdade (e reforço a obrigatoriedade presente no verbo "ter" como uma forma de respeito à jovem revoltada de anos antes).

Foi em 2021, na disciplina Crítica em Comunicação, que um professor extremamente culto informou à sala de Rádio e Televisão, cheia de aspirantes a apresentadores, produtores e roteiristas, que iríamos estudar a "negatividade de Hegel". Negatividade?! Hegel?! Eu ainda estava tentando sair do clima gostoso das férias e aquelas palavras geraram uma grande ansiedade. Acontece que Rodrigo Petrônio, esse tal professor culto, também é especialista em traduzir para muitos aquilo que foi escrito para poucos e, para a minha sorte, tinha como objetivo descomplicar as principais teorias do filósofo alemão do século XVIII. Nos indicou o livro *Hegel*, de Benoit Timmermans, autor e pesquisador belga, para começar essa jornada de entendimento. Confesso que não foi fácil e, de fato, meus receios em relação aos "grandes" se mostraram relevantes. Consegui, no entanto, entender uma fração, por menor que seja, do pensamento hegeliano, que levo comigo até hoje. Não pretendo revisitar a excelente explicação que recebi de meu professor, mas espero revelar a você o que extraí de mais valioso, especialmente em uma passagem do livro, algo que extrapola os limites da boa referência bibliográfica e se torna uma lição a ser praticada no dia a dia.

De mãos dadas com Timmermans, mergulhei no desafio que é entender a lógica hegeliana e a dialética da contradição. Como disse, minha intenção não é dissertar sobre isso, apenas me permita tentar uma pequena contextualização antes de contar sobre a frase inspiradora em questão. Hegel trabalha seu pensamento filosófico no eixo da Negatividade, o que significa algo na linha do "só sei que nada sei", de Sócrates. Para Hegel, Kant, Marx e tantos outros filósofos que se encontram no eixo da Negatividade, um conhecimento só é produzido na medida em que negamos tudo que sabemos; só conseguimos chegar a alguma verdade na medida em que reconhecemos o fato de sermos totalmente ignorantes, como uma tela em branco pronta para ser elaborada. O que nos interessa aqui a respeito de Hegel é sua elaboração diante do tempo. Tempo não no sentido do relógio (que é apenas um codificador, um medidor de tempo), e sim tempo como um fluxo infinito que rege tudo o que existe. Um pouco confuso, eu sei, mas no fundo reconhece que tudo está em constante transformação, ou seja, o que se apresenta para nós como realidade neste momento não será exatamente igual no segundo seguinte – a famosa frase de Heráclito de que ninguém pode entrar duas vezes no mesmo rio porque tanto o indivíduo quanto o rio terão mudado. Essa ideia desemboca em um certo desprendimento das coisas, pois, afinal de contas, elas estão em constante mudança. Ao mesmo tempo, valorizar cada coisa naquele instante passa a ser relevante, porque nada será, logo no momento seguinte, exatamente o que é. Viajei até demais! Talvez confundindo um pouco a sua cabeça, acho que consegui esboçar o quadro complexo do pensamento hegeliano com o qual eu tive de lidar. Vamos ao trecho que me inspirou mais reflexões e do qual eu me lembro até hoje.

A frase que gostaria de compartilhar com você não representa necessariamente a essência de tudo que li, muito menos é algo destacado por Hegel em suas obras, mas ela veio como uma singela citação selecionada a dedo por Timmermans. Hegel[3] diz o seguinte:

De um lado é preciso suportar a extensão do caminho, porque cada momento é necessário; de outro, é preciso se deter em cada momento e demorar-se nele, porque em cada um [se encontra] a totalidade.[4]

Permita-me contextualizar a frase antes de mergulhar em minha viagem particular... Timmermans traz essa passagem com o intuito de encorajar seu leitor a seguir tentando compreender a lógica hegeliana, a não desistir nos momentos em que a leitura parecer demasiada abstrata. Ele cita Hegel para mostrar que o próprio precursor do objeto de estudo afirmava que cada passo de qualquer jornada é tão importante quanto a chegada ao objetivo final, para nos dizer que mais importa o processo de compreensão do pensamento hegeliano em si do que a compreensão *final* propriamente dita (se é que ela existe).

A frase repercutiu em mim quase como uma mensagem de autoajuda, como uma proposta para *viver o presente*. Tenho certeza de que essa não foi a intenção original de Hegel, ainda mais vivendo em uma época na qual a percepção temporal, presumo eu, não era acelerada como hoje, mas, trazendo-a para o contexto do século 21, ela cai como uma luva. Pensando nos dias atuais, a frase dialoga com aquele sentimento de que o final de ano parece tão longe e, ao mesmo tempo, as semanas para alcançá-lo passam rápido demais, ou a sensação de que algumas horas de trabalho são infinitas, mas o dia se esvai em um piscar de olhos... essa percepção paradoxal do tempo que nos deixa tão confusos. Hegel pareceu me aconselhar a seguir com calma, sem ansiedade, sem desprezar o processo que leva à conquista final, fazendo com que tanto o dia quanto a semana passem na medida certa. Para uma jovem adulta ansiosa e acelerada como eu, essa proposta de curtir o momento, de sentir cada instante com presença, sempre foi um desafio. Com toda a dificuldade de entender um dos filósofos mais complexos do pensamento crítico, eu acabei lendo naquela frase uma lição para minha vida (mesmo que ela nada tenha a ver com o que de fato Hegel quis significar com suas palavras).

O mais engrandecedor de escrever esse capítulo é que, durante a escrita, consegui colocar em prática um pouco deste desafio e, entregando-me ao processo, detendo-me em cada parte, algumas intertextualidades surgiram naturalmente

---

[3] HEGEL, George. *Phénoménologie de l'esprit.* p. 27.
[4] TIMMERMANS, Benoit. *Hegel.* p. 18.

para ajudar no meu papel de coautora. Dissertando sobre a frase de Hegel e minha interpretação, me dei conta de que ia muito ao encontro de outro livro que também marcou minha trajetória, proporcionando uma nova viagem. Um livro que não tem a ver com filosofia e nem com a lógica acadêmica. É um livro mais *espiritual* por assim dizer, um livro que, de fato, pode se enquadrar em autoajuda, mas que bela autoajuda...

* * *

Minha relação com o presente, com o "deter-se em cada momento", remonta a um período em que eu me sentia muito perdida (não que agora eu tenha me encontrado, mas era algo um pouco mais forte do que uma crise existencial), como se estivesse vazia e precisasse de algo para me preencher. Eu vivia uma agonia profunda de não saber qual era meu objetivo na vida e de ainda não ter conquistado nada grandioso com 17 anos (leio isso hoje e fico pasma comigo mesma). Na época, minha mãe super espiritualizada me indicou um livro do alemão Eckhart Tolle chamado *O Poder do Agora,* dizendo que nele eu poderia encontrar algum conforto ou, pelo menos, um afago para minha inquietude.

De fato, as palavras de Tolle me trouxeram uma nova percepção sobre como viver de maneira mais presente. Eu me projetava no autor, na medida em que ele relatava um momento em sua vida no qual também experimentou grandes dificuldades existenciais. Ele conta no livro que passava por uma grave crise de ansiedade quando, quase de forma *iluminada,* seu discernimento sobre o ego, sobre sua consciência e sobre a vida mudaram. Talvez nesse momento de virada, de *iluminação,* ele tenha inviabilizado um pouco a minha proje-ção, porque eu mesma ainda não cheguei lá e também não acredito que o lá aconteça da forma repentina que aconteceu com ele. Esse *gap*, entretanto, não desvalorizou seus ensinamentos. Muito pelo contrário, sustentou em mim o tipo de admiração que costumamos nutrir pelos ídolos contemporâneos, os gurus da pós-modernidade.

Vamos ao ensinamento! Tolle desenvolve seu livro convencendo o leitor a ser mais consciente sobre tudo que o cerca, sobre o espaço que preenche cada instante, cada intervalo entre suspiros e moléculas, o vazio que de *vazio* não tem nada. Seja ele o ar que circula dentro de uma sala, seja ele o momento entre uma inspiração e um choro, o *Agora* de Tolle representa praticamente uma entidade que simboliza a própria vida. Ele é mais do que o minuto que vemos no relógio, mais do que qualquer segundo de euforia, o Agora é, ironicamente, a extinção da própria percepção linear do tempo, é a compreensão de que futuro e passado não existem. O Agora é sentido com o entendimento de que *"nunca houve um momento em que a sua vida não foi agora, nem nunca haverá"*[5]. É a mais pura verdade e, mesmo sendo tão óbvio, nos esquecemos disso todos os dias com as nossas projeções para objetivos futuros ou nossos arrependimentos de erros passados. Essa ideia de viver o presente é tão abstrata para mim que, na tentativa de colocá-la em prática, eu oscilava entre uma total falta de planejamento e uma obsolescência dos desafios superados. Ainda não consigo dizer que cheguei à compreensão plena de como viver o Agora de Tolle, mas sinto que experienciei momentos de presença por inteiro e isso já me alegra bastante.

Me arrisco a dizer que nossa amiga Astrid Lindgren confiaria nas crianças como modelos a serem seguidos para chegar a essa vivência plena da totalidade de cada instante, para absorver o real poder do agora. Quando somos pequenos, pouco nos detemos no futuro. No máximo, projetamos a profissão que queremos seguir, mas até mesmo isso é algo estimulado pelos adultos. Quando crianças, prestamos atenção na particularidade de uma folha que pode muito bem ser a casa de uma fada, ou uma montanha que parece um gigante adormecido, nos sorrisos dos nossos pais ou no cheiro da terra molhada depois de uma chuva forte, lemos o mundo de uma forma diferente, como se conseguíssemos ver o quadro como um todo e também as rachaduras que compõem os detalhes deixados pelo tempo, mas sem a precipitação de interpretá-las antes de tocá-las, cheirá-las ou até mesmo lambê-las se for o caso. Conseguimos capturar as coisas como elas estão naquele instante, mesmo que, como diz Hegel, no instante seguinte elas já não sejam a mesma coisa.

Para além de Lindgren, Hegel, Timmermans ou Tolle, a graça de todos termos sido crianças é que sempre poderemos resgatar o que fomos para construir o que queremos ser. O olhar de nossa criança interna sempre pode ser revivido. Preciso agradecer à criança que descobriu viagens infinitas dentro das páginas dos livros por me proporcionar essa postura aventureira diante da vida. Agradecer a essa versão jovem de mim sempre me lembrando de que, apesar

---

[5] TOLLE, Eckhart. *O Poder do Agora: um guia para a iluminação espiritual.* p. 52

de todas as elaborações teóricas, apesar de todas as reflexões, apesar de cada lição retirada de cada um desses livros, sempre poderemos ser crianças animadas para embarcar em uma nova viagem. Obrigada por se juntar a mim nessa!

Livros citados

HEGEL, George. *Phénoménologie de l'esprit, trad. francesa* J. Hyppolite. Paris: Aubier, 1941.

LINDGREN, Astrid. *Os Irmãos Coração de Leão.* São Paulo: Companhia das Letrinhas, 2007.

TIMMERMANS, Benoit. *Hegel.* São Paulo: Estação Liberdade, 2005.

TOLLE, Eckhart. *O Poder do Agora: um guia para a iluminação espiritual.* Rio de Janeiro: Sextante, 2002.

Bons motivos para ler e para viver

Por Jacqueline de Bessa

Eu cresci em Ipatinga, cidade de uns 200 mil habitantes, no interior de Minas, perto de Governador Valadares. Apesar de nossa cidade ser até bem arrumadinha, comparada a outras de interior – a economia era baseada na siderurgia, por sediar a Usiminas, naquela época uma empresa bem próspera –, não havia muitas livrarias. Para piorar, e talvez até pelas circunstâncias, meus pais não tinham muito o hábito de ler. Assinavam o jornal da cidade, o bom e velho *Diário do Aço*, e era isso.

Além de uma enciclopédia Mirador, minha casa praticamente tinha só os nossos livros: os meus e os do meu irmão, André. Muitos deles dados pelo meu avô Halley, que morava em Belo Horizonte e era pai da mamãe, ou por umas tias, como a tia Inês, de Brasília, e a minha madrinha Fafá, de BH, que também gostavam de nos presentear com literatura.

Eu, pequena Jackie, aprendi a ler com meu irmão. Ele tinha 6 anos e eu 5. Voltava da escola animado com cada lição e ia dividindo comigo, sua fã, os novos aprendizados. Dessa época, me lembro de contos clássicos do universo infantil como os Cachinhos de Ouro, o Patinho Feio, os Três Porquinhos... Nada de conteúdo muito marcante ou edificante. A graça ali era ler e entender. Cada livro tinha um gostinho secreto de vitória e me abria mais um mundo encantado, uma história para recontar, reescrever, pintar (eu adorava copiar as ilustrações dos livros, uma diversão à parte).

Foi em 1985 ou 86, acho, que minha tia Inês, aquela que morava em Brasília, nos comprou vários livros de crônicas da coleção *Para Gostar de Ler*. Estávamos em férias em Caldas Novas e ficamos, meu irmão e eu, nos revezando na leitura daqueles livrinhos de crônicas de Drummond, Fernando Sabino, Paulo Mendes Campos e Rubem Braga.

> *(...)*
> *- Você aí, menino, para onde vai essa estrada?*
> *- Ela não vai não: nós é que vamos nela.*
> *- Engraçadinho duma figa! Como você se chama?*
> *- Eu não me chamo não, os outros é que que me chamam de Zé.*[1]

---

[1] CAMPOS, Paulo Mendes. Continho, *In: Para Gostar de Ler*. p. 76.

E eu me senti adulta, aos 6 ou 7 anos, lendo livros com cara de livros de adultos. Sem ilustração, sabe? Parecidos com os que o vovô lia. Livros que tinham sutilezas, algo que os livros infantis não tinham. Quem diria! De alguma forma, daquelas férias em diante, eu passei verdadeiramente a gostar de ler e a pedir livros ao invés de bonecas de presente.

Não tantos anos depois, em 1989 ou 90, li uma outra obra que mudou mais uma vez minha visão sobre o mundo da leitura: *Os Meninos da Rua Paulo,* do húngaro Ferenc Molnár. Tenho comigo até hoje o livrinho de capa meio laranja, da Coleção Elefante, da Ediouro. Para dizer a verdade, pouco me lembro do enredo. (alerta de *spoiler*) Era uma turminha de amigos, com nomes bem estranhos (húngaros...) em disputa com outra turminha, talvez, pelo "território" da rua Paulo. Mas o que ficou marcado na memória foi a morte de um dos personagens, o Nemecsek. Foi a primeira vez que chorei de verdade, lendo. Foi a primeira vez que um livro me trouxe de presente essa emoção. E mais uma vez tive o reforço de que ler tinha muito de mágico.

Corta. Viajemos agora para mais uns 5 anos adiante. De todos os livros que me marcaram, por alguma razão, sempre me vem à mente a antologia *Flor de Poemas*, de Cecília Meireles, coincidentemente organizada – notei só agora – pelo mesmo Paulo Mendes Campos, que acabo de citar, na coleção *Para Gostar de Ler*. O livro, acho que um dos últimos que ganhei do meu avô, que faleceria pouco tempo depois, guarda até hoje minhas marcações e grifos. Ficou na minha cabeceira por alguns anos e de lá saíram os pouquíssimos poemas que um dia eu aprendi a recitar de memória. De todos eles, foi "*Motivo*" que sempre me inspirou mais. Numa adolescência confusa, mais pelas minhas viagens internas que por alguma questão concreta, ele foi meu lema. O *Carpe Diem,* como no filme *Sociedade dos Poetas Mortos*. O viver aqui e agora.

> **Motivo**
> *Eu canto porque o instante existe*
> *E a minha vida está completa.*
> *Não sou alegre, nem sou triste:*
> *sou poeta.*

> *Irmão das coisas fugidias,*

não sinto gozo nem tormento.
Atravesso noites e dias
no vento.

Se desmorono ou se edifico,
se permaneço ou me desfaço,
- não sei, não sei. Não sei se fico
ou passo.

Sei que canto. E a canção é tudo.
Tem sangue eterno a asa ritmada.
E um dia sei que estarei mudo:
- mais nada.

Nesse poema parecem morar a vida e a morte, o instante que foge, a impermanência. Também traz aquela sensação de que tudo passa, então o melhor mesmo é aproveitar a vida no momento presente. Não sei se passei a ser assim, da presença, do agora, por causa dessas palavras. Ou se gostei tanto delas justamente por já ser assim.

Caminhando na minha trajetória de leituras, tenho outras paradas que me marcaram. *Next stop*, a faculdade. Não contei ainda: sou publicitária, formada pela Escola de Comunicações e Artes da Universidade de São Paulo. E de lá trago mais algumas lembranças. Minha turma da ECA, assim como meus veteranos, eram todos bem estudados. Lembro-me de gente carregando livros, capa grossa e tudo, de que eu nunca tinha ouvido falar. Vovô e minhas tias tentaram, mas meu repertório ainda não era lá grande coisa.

No primeiro mês em São Paulo fui apresentada à incrível Livraria Cultura, no Conjunto Nacional, na igualmente incrível – para quem veio de Ipatinga – Avenida Paulista. Eu ia lá para aquele paraíso das letras e ficava horas folheando obras, conversando com os vendedores, pegando dicas. Num papo desses, comentei que tinha gostado do *Memorial do Convento*, lido para o vestibular, e o mocinho me disse: "ah, muito melhor que o Memorial é o *Ensaio sobre a Cegueira*, do mesmo José Saramago". Pois bem. Comprei, li e está ali um dos livros que mais me emocionaram na vida.

Pouco tempo depois, o João Anzanello Carrascoza, nosso professor de redação publicitária, nos deu a missão de "invadir" um livro e escrever um capítulo nosso, dentro de uma história qualquer. Pretensiosamente, peguei essa carona na obra do português Saramago. Segui estilo, pontuação e aparentemente agradei também ao professor, de quem arranquei elogios e um 10 de que me orgulho até hoje. Mas, muito mais do que me marcar por este episódio de conquista pessoal, o livro me provocou reflexões inesquecíveis.

Na história, resumindo de forma bem breve e grosseira, as pessoas são acometidas por uma cegueira contagiosa. A cidade em que isso acontece para de funcionar como antes e a população contaminada, que vai sendo colocada em quarentena, se mostra bárbara, egoísta. Roubos, saques, estupros, colapso. Um pisando sobre o outro. Um horror. E – parênteses no tempo – é incrível como a obra, escrita em 1995 (e que li alguns poucos anos depois) guarda semelhanças impressionantes com a pandemia que vivemos de 2020 para cá... Relata a extrema fragilidade da vida, das relações. Descreve com detalhes o egoísmo e a brutalidade dos homens.

Fast forward para um ou dois anos depois daquele exercício da aula do Carrascoza e estamos agora naquele momento-chave da vida universitária: a monografia final. O tema da minha não vem ao caso aqui – podem me perguntar que conto depois –, mas me lembro de ter usado em sua abertura esse breve poeminha de Chacal, descoberto no livro *Os Cem Melhores Poemas Brasileiros do Século* (que, coincidentemente, também traz o meu querido Motivo):

> *rápido e rasteiro*
> *vai ter uma festa*
> *que eu vou dançar*
> *até o sapato pedir pra parar.*
>
> *aí eu paro*
> *tiro o sapato*
> *e danço o resto da vida.*

Sigo dançando e aprendendo a cada segundo. Com os livros. Com as pessoas. E com a vida. Essa, o maior presente.

Livros citados

CAMPOS, Paulo Mendes. *Para Gostar de Ler, volume 1.* São Paulo: Ática, 1977.

MEIRELES, Cecília. *Flor de Poemas.* 9ª ed. Rio de Janeiro: Nova Fronteira, 1983.

MORICONI, Ítalo (org.). *Os Cem Melhores Poemas Brasileiros do Século.* Rio de Janeiro: Objetiva, 2001.

MOLNÁR, Ferenc. *Os Meninos da Rua Paulo.* Tradução Paulo Rónai. Rio de Janeiro: Ediouro, s/d.

SARAMAGO, José. *Ensaio sobre a Cegueira.* São Paulo: Companhia das Letras, 1995.

SARAMAGO, José. *Memorial do Convento.* 19ª ed. Rio de Janeiro: Bertrand, 1996.

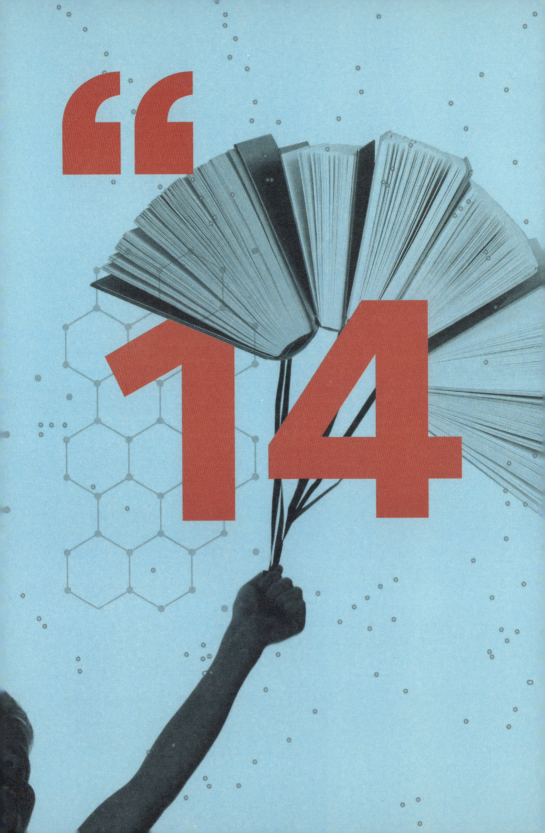

Minhas viagens com Pedrinho

Por Jaime Troiano

Que ideia maluca essa que nós tivemos! Um verdadeiro vespeiro. Mexi nele e agora não dá mais para sair correndo. Quando pensei nestas páginas, imaginei um diálogo meio frio, descritivo, uma coleção de lembranças recortadas da leitura por onde andei perambulando pela vida. Como se eu fosse um *ghost writer* de mim mesmo.

Pouco a pouco, alguma coisa começou a me incomodar muito. Dessas intermitentes, que te pegam em alguma hora do dia, ou principalmente da noite, na vigília de madrugada. Essas são as piores! Passaram-se dias, semanas, na verdade! Mas, descobri o que estava acontecendo. Eu estava me preparando para fazer uma edição comentada de livros que tinham um registro muito nítido na minha memória. Ou seja, não se tratava de algo como recolher esses livros de uma estante e condensar o que penetrou em mim e nunca mais saiu.

Sempre acreditei que as coisas acontecem na hora certa. E assim, foi. Numa das noites de vigília, ouvi conselhos na voz do Milton Nascimento:

> *Por tanto amor, por tanta emoção*
> *A vida me fez assim*
> *Doce ou atroz, manso ou feroz*
> *Eu, caçador de mim...*
> *Nada a temer...Senão esquecer o medo.*[1]

A primeira parte dessa caçada aconteceu quando vi uma coleção de livros em que estive mergulhado por meses, nos meus 13 anos. Uma coleção de 16 volumes. Todos de capa dura, verde, com inscrições prateadas: as obras completas de Monteiro Lobato (supostamente) para crianças. Li todos! Os dois últimos, sobre os Doze Trabalhos de Hércules, reli algumas vezes porque nunca imaginara que alguém poderia ser mais forte que o João Batista, meu pai. Que, aliás, comprou a coleção. Demorei para perceber que ele era, sim. E que o sarrafo que eu teria pela frente para saltar era bem alto.

Apesar desse diálogo interno, deste duelo, entre meu pai e Hércules, o volume que me acompanhou na vida foi o número 8: *Serões de Dona Benta e História das Invenções*. Principalmente os *Serões*, porque ele sempre foi a fonte de mui-

---

[1] Trecho da canção *Caçador de mim*, composta por Luiz Carlos Sá & Magrão.

tas inquietações nas décadas que se seguiram. Neste livro, Dona Benta conversa sobre temas de física, astronomia, química, energia, constituição da matéria e por aí vai. Na plateia, que era a sala da casa do Sítio do Picapau Amarelo, amontoados, Narizinho, Pedrinho, Emília, Visconde de Sabugosa e as triunfantes entradas da Tia Nastácia com pipoca, muito melhor do que a do Cinemark. O Pedrinho, que, a partir deste momento, elejo como meu avatar, dizia:

> Sinto uma comichão no cérebro", disse Pedrinho. Quero saber coisas. Quero saber tudo quanto há no mundo.
> Muito fácil, meu filho, respondeu Dona Benta. A ciência está nos livros. Basta que os leia.[2]

E foi exatamente isso que eu passei a fazer. O privilégio que eu tive de ter um pai que lotou a estante de casa com livros criou a ferramenta. A comichão como a do Pedrinho dentro de mim foi o que me empurrou.

Lá no Cambuci, eu me lembro de me chamarem na rua para bater bola, fazer guerra de estilingue, acender fogueira, soltar balão... eu acabava indo. Mas não sem antes encerrar um capítulo. Vai ver que é por isso que eu nunca me esqueci de algumas frases do Rodolfo na *Bohème*[3], na última parte do primeiro ato da ópera. Os amigos chamando para ir a um bar e ele pedindo mais cinco minutos para terminar de escrever um artigo. Não é à toa que ficam esses resíduos em nós.

Vamos nessa, Pedrinho!

O Pedrinho me deu essa licença na vida. Menos pela pressão da Dona Benta com seu "basta que os leia" e muito mais por essa engrenagem interna que a gente tem, cada um de um jeito. E assim foi, o caminho estava aberto. A comichão do Pedrinho sempre foi a minha também e eu nem desconfiava. Mas a vida foi me levando por caminhos aparentemente tortuosos, empurrado por essa inquietação meio difusa.

Sempre achei que desembarquei num curso de engenharia química na FEI por

---

[2] LOBATO, Monteiro. *Serões de Dona Benta e História das Invenções.* p. 3
[3] Ópera de Giacomo Puccini..

pressão e sedução de um modelo familiar. Afinal, a pessoa mais bem-sucedida da família, profissionalmente em hierarquias corporativas, era meu primo Mauro Borghetti, egresso daquele mesmo curso. Mas hoje entendo que os serões de Dona Benta me inspiraram muito mais antes disso:

> *Esta verdade tem o nome de Princípio da Conservação da Energia. A energia transforma-se, nada mais.*[4]

A vontade de entender qual é a magia que está por trás de tudo isso foi, de verdade, o que me levou para os meandros da Química. E tem sido esse mesmo desejo por essa "química interna" que tem guiado meus passos. Como eu posso olhar para fora e ficar satisfeito, sabendo que há sempre um segredo sob esse manto da realidade aparente? Isso tem um preço e os que me conhecem menos precisam saber desse rótulo: "Jaime, você é um chato. Fica vendo chifre na cabeça de cavalo."

Porém, sempre encontro alguma ajuda em gente muito inteligente que é reconhecida exatamente por essa mesma compulsão. Que vê ou que sente coisas sob a superfície. E aí, prefiro que essa gente fale por mim, como aliás, tem sido há muitas décadas com o Fernando Pessoa. A dívida que eu tenho com ele é impagável. Há muitas décadas ele me ensina que, sim, existe chifre na cabeça de cavalo.

Fernando Pessoa e seus heterônimos vivem me mostrando que eu talvez não seja tão chato. A divisão entre a materialidade do mundo e nossas relações humanas visíveis tem sempre um "será que é só isso mesmo?".

Num de seus poemas mais conhecidos, A Tabacaria, Fernando Pessoa (Álvaro de Campos) diz:

> *Estou hoje perplexo como quem pensou e achou e esqueceu.*
> *Estou hoje dividido entre a lealdade que devo*
> *À Tabacaria do outro lado da rua, como coisa real por fora,*
> *E a sensação de que tudo é sonho, como coisa real por dentro.*[5]

---

[4] LOBATO, Monteiro. *Serões de Dona Benta e História das Invenções*. p. 80..

[5] PESSOA, Fernando. *Antologia Poética*. p. 138.

E um pouco mais adiante, como que num diálogo interno com o dono da Tabacaria em frente à sua janela ele completa:

Mas o Dono da Tabacaria chegou à porta e ficou à porta.
Olhou-o com o desconforto da cabeça mal voltada
E com o desconforto da alma mal-entendendo.
Ele morrerá e eu morrerei.
Ele deixará a tabuleta, e eu deixarei versos.
A certa altura morrerá a tabuleta também, e os versos também.
Depois de certa altura morrerá a rua onde esteve a tabuleta,
E a língua em que foram escritos os versos.
Morrerá depois o planeta girante em que tudo isto se deu.
Em outros satélites de outros sistemas qualquer coisa como gente
Continuará fazendo coisas como versos e vivendo por baixo de coisas como tabuletas,
Sempre uma coisa defronte da outra,
Sempre uma coisa tão inútil como a outra,
Sempre o impossível tão estúpido como o real,
Sempre o mistério do fundo tão certo como o sono de mistério da superfície,
Sempre isto ou sempre outra coisa ou nem uma coisa nem outra.[6]

Li dezenas de vezes esse e outros poemas dele. Grifei o penúltimo verso, um verdadeiro eco das comichões do Pedrinho.

Esse trecho também deixou outro recado, desde a primeira leitura:
Em outros satélites de outros sistemas qualquer coisa como gente
Continuará fazendo coisas como versos e vivendo por baixo de coisas como tabuletas

Como se fosse um ciclo do eterno recomeço. Uma semente que frutificou quando me meti nos estudos de antropologia na USP, lendo Mircea Eliade (*O Ciclo do eterno retorno*), e as sedutoras e inesquecíveis exposições da dra. Ruth Cardoso, por quem me apaixonei, é lógico. O que já confidenciei, como muitos ouviram.

---

[6] P. 142.

Uma paixão que me perseguiu durante algum tempo. Afinal, o que é uma sábia mulher, à sua frente, sobre o tablado da sala de aula, te olhando de cima para baixo, revelando a vida que existe e não enxergávamos sob a superfície dos povos que os antropólogos estudavam? Para mim e para o Pedrinho, na fileira da frente, era o caminho natural e irresistível para se apaixonar perdidamente por aquela bela mulher. Pedrinho cochichava, "desculpe-me a Dona Benta, mas agora eu sou mais Ruth". Meu grande amigo e colega Leonel Itaussu de Almeida Melo me pedia moderação, cabeça mais serena, porque, afinal, tratava-se da esposa do FHC.

Impossível serenidade e cabeça no lugar, porque a Ruth acabara de nos levar pelas sinuosas e belíssimas trilhas dos ensaios de Antropologia Estrutural do Lévi-Strauss. Quando Pedrinho e eu lemos dois deles, intitulados "O feiticeiro e sua magia" e "A eficácia simbólica", conseguimos avaliar ainda melhor a dimensão da nossa ignorância.

No primeiro dos dois, fica muito evidente algo que incomoda qualquer visão ingenuamente cartesiana: a cura gerada pela ação de um xamã. Sem a interferência de um pensamento científico, médico, clínico. Mas por uma convicção, uma crença, apoiada, como diz Lévi-Strauss em três dimensões: a do xamã, a do paciente e da sociedade ao seu redor:

> Esta fabulação de uma realidade em si mesma desconhecida, feita de procedimentos e de representações, é afiançada numa tripla experiência: a do próprio xamã que, se sua vocação é real (e, mesmo se não o é, somente pelo fato do exercício), experimenta estados específicos, de natureza psicossomática; a do doente, que experimenta ou não uma melhora; enfim, a do público, que também participa da cura, e cujo arrebatamento sofrido, e a satisfação intelectual e afetiva que retira, determinam uma adesão coletiva que inaugura, ela própria, um novo ciclo. Esses três elementos daquilo que se poderia denominar de complexo xamanístico são indissociáveis. Mas vê-se que eles se organizam em torno de dois pólos, formados, um pela experiência íntima do xamã, o outro pelo consensus coletivo.[7]

E o segundo ensaio, A eficácia simbólica, também foi transformador. O que

---

[7] LÉVI-STRAUSS, Claude. *Antropologia Estrutural.* p. 196.

ficou em nossa cabeça, às vezes teimosa, foi uma evidência inquestionável. Lévi-Strauss esfregou em nossa cara o quanto a cultura simbólica em que todos nós estamos imersos, conscientes ou não dela, tem um impacto concreto em nossas vidas e opera mudanças absolutamente reais. Nesse trecho do ensaio, nós vemos como isso pode acontecer. É a mesma sensação de colocarmos porco do lado de cá e sair linguiça do lado de lá. Confira:

> *O fato de a mitologia do xamã não corresponder a uma realidade objetiva não tem importância, pois que a paciente nela crê e é membro de uma sociedade que nela crê. Espíritos protetores e espíritos maléficos, monstros sobrenaturais e animais mágicos fazem parte de um sistema coerente que funda a concepção indígena do universo. A paciente os aceita ou, mais precisamente, jamais duvidou deles. O que ela não aceita são as dores incoerentes e arbitrárias que constituem um elemento estranho a seu sistema, mas que o xamã, recorrendo ao mito, irá inserir num sistema em que tudo se encaixa.*

> *A paciente, tendo compreendido, faz mais do que resignar-se, ela fica curada.*[8]

Esse texto sempre me lembra de uma situação muito comum em nossas vidas. Quantas vezes não dizemos a parentes e amigos, acometidos por alguma doença mais grave, que a cura foi porque ele ou ela têm um cabeça muito boa? Ou que metade da cura se deveu ao poder mental da própria pessoa em buscar sua recuperação?

Quando, depois de dois anos, a Ruth deixou de ser minha professora, um vazio, um buraco se instalou em mim. Aquela coisa cujo epicentro é o estômago. Mas nada como um rito de passagem para seguir em frente, ou voltar ao eterno recomeço. O rito, eu me lembro muito bem, foi como eu reconstruí a cena central do conto *Missa do Galo*, do Machado de Assis.

Era eu, ao invés do Nogueira, o rapaz do conto, sentadinho na sala da pensão esperando pelo meu amigo para irmos à missa, à meia-noite. Rondando pela sala, por ter perdido o sono, lá estava ela, a Ruth Cardoso, representada por Conceição, dona da pensão, no conto. Vestida com seu roupão branco, impecavelmente fechado, e chinelas. Teria ela perdido o sono mesmo, ou foi um

---

[8] LÉVI-STRAUSS, Claude. *Antropologia Estrutural.* p. 216.

impulso para dar uma espiada em mim? Na ilusão e energia dos meus 17 anos, como Nogueira, acreditei nessa segunda hipótese.

Eu e minha saudosa amiga Edna Besechi, feríssima em literatura, sempre imaginamos o que a Conceição estaria fazendo na sala àquelas horas, em que o marido estava fora da pensão em suas frequentes escapadas românticas. A Edna e eu tínhamos uma interpretação um pouco diferente de outros leitores. O que ela e eu sempre imaginamos foi que Conceição estava em busca de sinais de reconhecimento mais convincentes do quanto ela ainda era bonita e atraente. Os olhos do Nogueira fixados nela seriam um sinal que ela estaria esperando para confirmar o quanto ainda era uma mulher atraente. Julguem vocês quando lerem o conto.

Mesmo sem Ruth, o curso de Ciências Sociais na USP continuou desvelando mistérios maravilhosos, tão encantadores como entender o Primeiro Princípio da Termodinâmica, no qual Dona Benta já havia tocado.

Como Pedrinho e eu conhecemos Max Weber

Acho que foi no terceiro ano que fui apresentado a um dos ensaios mais poderosos em minha formação. Ele foi o meio do caminho entre o que aconteceu antes e tudo que veio depois. A *ética protestante e o espírito do capitalismo*, do sociólogo alemão Max Weber, publicado em 1905, é um monumento.

Eu ainda tinha lá uma ponta de dúvidas sobre o poder da cadeia de transmissão que transforma ideias, imagens mentais, convicções espirituais em efeitos concretos sobre o mundo. Talvez ainda reminiscências do quanto a materialidade objetiva e matemática do curso de engenharia estava inoculada em mim. Tivesse lido o Weber uns 10 anos antes, o texto teria encontrado ainda uma cabeça "imunizada" contra a contaminação desses novos e maravilhosos vírus que abrem novos horizontes mentais, espirituais. Não ouso descrever ou comentar o texto do Weber, mas com ele confirmei essas suspeitas que já me perseguiam há muitos anos. Afinal, a comichão do Pedrinho me ensinou a escutar mais do que ouvir, mesmo eu sendo teimoso, como já confessei.

E fui aceitando mais uma evidência inegável: como a moral, as convicções e os hábitos da vida puritana, calvinista, dos colonizadores construíram as raízes do pensamento social e econômico dos Estados Unidos. A vida frugal, as rotinas do trabalho duro como algo natural para o fiel receber a recompensa do sinal da graça, pelo fruto de suas obras, foram os catalisadores da edificação de uma nação como a temos conhecido ao longo da história norte-americana. Alguns trechos ilustram o que pensou Weber:

> *Estamos mais interessados em algo inteiramente diferente: na influência daquelas sanções psicológicas que, originadas da crença religiosa e da prática da vida religiosa, orientavam a conduta e a ela prendiam o indivíduo.*[9]

A quase sacralidade do trabalho nessa sociedade foi a semente do poder da sua economia. Eu tive uma experiência de 15 anos trabalhando dentro de empresas americanas. E, muitas vezes, convivendo com elas dentro dos Estados Unidos. Uma das imagens que registrei para sempre foi a vida disciplinada, até certo ponto austera, dentro dos escritórios. Os horários marcados para reuniões obedecidos, os prazos respeitados, a concentração e o foco nas atividades que cabiam a cada um etc. E eu, como bom brasileiro, ainda que do tipo certinho, sentindo falta de descompressão, das conversas nos cafezinhos, dos papos entrecruzados sobre temas sociais... Eu me sentia como "mosca de padaria" vendo aquelas laboriosas abelhas da colmeia. Acho que aprendi muito, mas ainda não é um exercício fácil no meu dia a dia, até hoje.

> *A perda de tempo, portanto, é o primeiro e o principal de todos os pecados. A duração da vida é curta demais e difícil para estabelecer a escolha do indivíduo. A perda de tempo através da vida social, conversas ociosas, do luxo, e mesmo o sono além do necessário para a saúde... é absolutamente indispensável do ponto de vista moral... a toda hora perdida no trabalho redunda uma perda de trabalho para a glorificação de Deus... Mas, o mais importante é que o trabalho constitui, antes de mais nada, a própria finalidade da vida.*[10]

Pedrinho, esse patrulheiro

Quando a "mosca de padaria" tem seus impulsos exagerados e fora de hora

---

[9] WEBER, Max. *A Ética protestante e o espírito do capitalismo*. p. 67.
[10] WEBER, Max. *A Ética protestante e o espírito do capitalismo*. p. 112.

para esvoaçar, o meu Pedrinho interno sempre me cutuca e lembra da abelha na colmeia. Tudo que contei até agora está alinhado a uma ideia: como enxergar um pouco além da superfície aparente das coisas. É difícil, quase sempre paro no meio do caminho. Depois retomo, dou mais um passo. E assim vai. A única coisa que não consigo abandonar é esse irrecusável convite interno para olhar debaixo do tapete.

Há não muito tempo reunimos um grupo de queridos amigos que "sofrem" do mesmo mal e criamos um grupo, para nos encontramos e "chupar nuvens". Eu mais o Fernando Jucá, que aliás prefacia este livro, Fabio Paiva, Beth Furtado, Emerson Pereira formávamos o "Cloud Suckers". Todos eles insuperáveis amantes dessa vontade de levantar o tapete. Foi maravilhoso!

Voltando aos livros, ainda tenho o que dizer sobre o que eu li durante o curso de Ciências Sociais na USP. Principalmente nos estudos sobre sociologia da religião, eu continuei na mesma trilha. Fiquei absolutamente fascinado com as conexões intangíveis que se estabelecem entre o sagrado e o profano e como nós integramos isso em nossas vidas. Foi mais um capítulo da emocionante novela *"Por que acreditar só no que vemos?"*. Um território de leituras e estudos perfeito para praticar essa vontade atávica de entender o que está além da materialidade da vida e do mundo.

Lembro-me de que meu saudoso e querido professor Duglas Teixeira Monteiro, que nos deixou muito cedo, me inspirou e estimulou a conviver e estudar os temas religiosos dentro da Sociologia. Ele é o autor do estudo mais profundo e completo sobre a Guerra do Contestado, ocorrida no começo do século passado, numa região entre Paraná e Santa Catarina. O livro chama-se *Os errantes do novo século*. Aprendi muito com ele!

Pois bem, fruto de sua generosidade, ele pôs em minhas mãos dezenas e dezenas de cartas enviadas por fiéis a um santo do qual eram devotos. E ele me impôs um delicioso desafio. Pedrinho e eu saímos exultantes carregando uma pilha de cartas. A tarefa que tínhamos pela frente: chegar a algumas conclusões, razoavelmente sistematizadas, por meio de uma análise sociológica, do conteúdo das mensagens enviadas ao Santuário de Santo Antônio de Categeró (atualmente na Vila Formosa, São Paulo), durante uma fase (creio que entre 1972 e 1973) de sua história. Sempre tratei essas cartas como um precioso acervo etnográfico.

Os fiéis que as escreveram eram pessoas de pequeno poder econômico, algo como piso da classe C e classe D, nas classificações habituais de mercado. E normalmente enfrentando situações delicadas em suas vidas.

Mal sabia eu, e meu companheiro de viagem também, que encontraríamos desafios semelhantes quando pus os pés num novo território profissional. É só aguardar.

Por enquanto, aqui vai um trecho que eu mesmo escrevi na ocasião do mergulho no material de estudo:

> *As cartas revelam de forma cristalina como a vida dessas pessoas simples que as escreveram é alimentada por ilusões e esperanças. Por sentimentos que se traduzem nas linhas e entrelinhas do que escreveram.*

A sociologia da religião não se satisfaz com a simples confirmação de que tal situação na vida predispõem religiosamente o homem, num apelo aflito pela felicidade, ainda que tênue e passageira. A sociologia da religião pretende mais do que identificar a incidência da correlação entre miséria-pobreza-escassez material *versus* religiosidade. Pretende, entre outras coisas, tornar essa correlação inteligível pela sua integração no universo ideológico, simbólico, na visão de mundo daqueles que a vivem e formulam.

As cartas que eu li sintetizam a oposição entre: a incompreensão das forças sociais concretas, 'misteriosas', que constrangem a vida do fiel e, por outro lado, a aceitação consciente e integral dos santos que podem ser agentes de transformação da vida.

Nas mensagens dos fiéis coexistem: a inconsciência (em graus variáveis) das raízes sociais, objetivas, de seus males e a certeza consciente na fonte sobrenatural que redime, cura, salva...

Qualquer semelhança com o que havia lido em "A eficácia simbólica" (Lévi-Strauss) não é mera coincidência. Como se diz em alguns lugares, "é tudo couro da mesma correia". Estava escancarada a porta para eu entrar num outro mundo profissional, que opera na mesma faixa de onda, por estranho que isso possa parecer à primeira vista. Eu me apaixonei pelo que temos chamado há uns 20 anos de Branding.

Branding é, em certo sentido, a continuação e a negação da Revolução Industrial. É a continuação por se tratar da forma suprema de relacionamento entre produção e consumo. Por outro lado, é a negação porque Branding é o princípio da desmaterialização da economia, em que cada vez operamos mais com *bits* e menos com átomos, mais com padrões de sentimentos e emoções nas relações com os *stakeholders* das empresas.

Nesse meu mundo novo, já não tão novo, teria dezenas de indicações bibliográficas sobre esse tema e afins. Porém, um dos textos que mais me envolveu e mais me alertou para o poder e os riscos éticos dessa atividade foi um outro conto do Machado de Assis: *O espelho*. O subtítulo é forte: *Esboço de uma nova teoria da alma humana.*

Não vou descrevê-lo, mas apenas pontuar o essencial para que vocês mesmos o leiam e tirem suas conclusões. O personagem principal, Jacobina, é um alferes que vive no Rio de Janeiro do século 19. Seu fardamento é o que faz com que ele se reconheça como pessoa e suponha ser reconhecido socialmente também. Sem o fardamento, sua própria imagem desvanece. Diante do espelho, ele não se vê. De divãs de psicanálise a treinamentos corporativos, esse é um texto quase obrigatório. Não perca.

Bem, a conexão que eu faço entre o conto e o Branding é a seguinte: marcas são "fardamentos". Deveriam contribuir para configurar nossa identidade e atender a necessidades de diversos níveis, mas nunca para apagar o que somos como sujeitos. Nunca para nos ocultar por meio de uma persona com a qual elas, as marcas, nos vestem.

E daí vem a delicada pergunta que vivo me fazendo. No mundo do Branding, que é meu dia a dia profissional, qual é nosso papel? Alimentar o Jacobina que existe dentro de todos nós, impondo de forma sedutora e autoritária uma identidade que, no fim das contas, contribui pouco para nossos autênticos projetos de felicidade? Seria isso apenas?

Confissão, que para alguns não é novidade: nunca me senti 100% em paz depois de ler esse conto e todos os outros livros que mexem com essa minha minhoca ética. Quem quiser entrar mais fundo e sofrer ainda mais com essa delicada conversa, leia o *Marketing Existencial*, de Luiz Felipe Pondé.

Pedrinho insaciável!

Um dia, anos depois, lá por 2015, Pedrinho soprou no meu ouvido: "Se você quiser entender um pouco mais desses seus percalços da alma, engenharia, sociologia, Branding não vão resolver. Só aumentam o minhocário." E fez quase como uma prescrição médica: "Já ouviu falar de psicanálise?"

Lógico que já tinha ouvido falar muito, lido uma ou outra coisa, puro diletantismo. Além disso, há doze anos, faço psicoterapia com um profissional de uma vertente junguiana, que sabe muito bem de tudo isso que escrevi, caso um dia ele leia. Mas a insistência do Pedrinho foi para eu virar a chave e me apresentou uma instituição chamada Sedes Sapientiae, onde fui aluno do curso de Fundamentos de Psicanálise e sua Prática Clínica, por dois anos. Tenho uma enorme dívida com as duas professoras que conduziram esses dois anos: Berenice Blanes e Maria Tereza Montserrat, que me ensinaram a compreender um pouco do pensamento freudiano.

Há muito tempo não lia e não estudava tanto. Foi absolutamente maravilhoso. O Pedrinho só se enganou em uma coisa: depois de toda essa imersão, a comichão não foi aplacada e as minhocas ficaram muito mais ativas e histéricas. Sei lá se, no fundo, ele já não previa isso.

Livros e textos que me encantaram nessa convivência com o Sedes foram muitos. Há dois, em particular, que deixo como recomendação obrigatória. Em primeiro lugar, *O mal-estar na civilização*, de Sigmund Freud, um painel que revela a encrenca em que entramos em nossa sociedade e as frestas para sair dela. O livro começa em tom solene e provocativo.

É impossível fugir à impressão de que as pessoas comumente empregam falsos padrões de avaliação – isto é, de que buscam poder, sucesso e riqueza para elas mesmas e os admiram nos outros, subestimando tudo aquilo que verdadeiramente tem valor na vida. No entanto, ao formular qualquer juízo geral desse tipo, corremos o risco de esquecer quão variados são o mundo humano e sua vida mental. Existem certos homens que não contam com a admiração de seus contemporâneos, embora a grandeza deles repouse em atributos e realizações completamente estranhos aos objetivos e aos ideais da multidão. Facilmente, poder-se-ia ficar inclinado a supor que, no final das contas, apenas uma minoria aprecia esses grandes homens, ao passo que a maioria pouco se importa com eles. Contudo, devido não só às discrepâncias existentes entre os pensamentos das pessoas e as suas ações, como também à diversidade de seus impulsos plenos de desejo, as coisas provavelmente não são tão simples assim.[11]

A segunda leitura é um texto, também do Freud, chamado *Arruinados pelo êxito* (2013). Presenciei casos tristes e muito próximos, de pessoas, alguns profissionais em particular, que viveram o que Freud prenunciou: foram incapazes de consolidar a conquista que chegou a estar quase em suas mãos. Principalmente, como consequência de tramas da sua psicologia e história individuais, mal compreendidas e mal equacionadas.

O último livro, de que não posso me esquecer, aparentemente, não tem nada a ver com todas essas minhas revelações até aqui, nesta viagem, junto com meu querido avatar. É *O velho e o mar*, de Ernest Hemingway. À primeira vista, parece apenas uma aventura marítima de um velho pescador, o Santiago. Avançado na idade, ele passou um bom tempo sem conseguir pescar nada, mas decide mais uma vez levar seu barco para o mar, já meio desacreditado pelos demais pescadores.

Depois de fisgar um marlim gigantesco, de um tamanho nunca visto antes pelos outros pescadores, se estabelece uma heroica luta de alguns dias para conseguir levar o barco de volta para a praia. Inteiramente devorado por ataques de tubarões, sobra apenas o "esqueleto" do peixe.

> *Foi então que (Santiago) conheceu como era profundo seu cansaço. Parou a meio caminho durante instantes e viu no reflexo das luzes da rua a grande cauda do peixe, erguendo-se bem mais alto do que a popa da embarcação. Viu a linha branca da espinha dorsal, despojada da carne, a escura massa da cabeça com a espada projetando-se na escuridão e o grande vazio provocado pela falta da rica carne do peixe.*[12]

É uma história eletrizante, de uma intensa luta interna do velho Santiago. E

---

[11] FREUD, Sigmund. *O mal-estar na civilização.* p. 142.
[12] HEMINGWAY, Ernest. *O velho e o mar.* p. 118.

é aí que eu me reencontro com minha jornada. Quantas e quantas vezes, em reuniões, discussões familiares ou profissionais, debates dos mais diversos tipos de assuntos, eu recorro ao velho Santiago interno, mesmo despertando profundos ciúmes no Pedrinho? Se ele, Santiago, fez o que fez, contra todas as forças poderosas dos mares, dos tubarões, dos ventos, eu tenho que levar o meu "marlim" para a praia a qualquer custo. Mesmo que eu leve apenas espinha e a cauda.

E, por ser assim, o "pedágio" que eu pago é sempre o mesmo e previsível: "Jaime, você é um chato, as coisas nem sempre são assim. São bem mais simples. Tá na cara que você está errado. Pare de minhocar tanto."

Quando comecei a escrever este texto, eu disse lá no começo: Que ideia maluca essa que nós tivemos! Um verdadeiro vespeiro. Mexi nele e agora não dá mais para sair correndo. Falar dos livros que mexeram comigo, sem falar de mim? Impossível. No fim, é sempre uma coisa só. Afinal, eles entraram em mim e ficaram aqui dentro. Não há exorcismo que consiga expulsá-los. E nem quero que isso aconteça.

Enfim, não consegui encurtar a história. Uma coisa foi puxando a seguinte e assim por diante. E se Maggi permitisse, seguiria em frente.

No fim dessa jornada com Pedrinho, nós nos lembramos do que profetizou o grande Lupicínio Rodrigues, que na década de 1930, compôs a maravilhosa *Felicidade*, principalmente dos seus dois últimos versos.

> *Felicidade foi-se embora*
> *E a saudade no meu peito ainda mora*
> *E é por isso que eu gosto lá de fora*
> *Porque eu sei que a falsidade não vigora*
> *A minha casa fica lá detrás do mundo*
> *Onde eu vou em um segundo quando começo a cantar*
> *O pensamento parece uma coisa à toa*
> *Mas como a gente voa quando começa a pensar.*

Depois dessa longa viagem, Pedrinho e eu nos entreolhamos e cada um sabia perfeitamente o que o outro estava pensando. E sentindo!

Livros citados

ASSIS, Machado de. *50 contos de Machado de Assis.* São Paulo: Companhia das Letras, 2007.

ELIADE, Mircea. *O Ciclo do eterno retorno.* São Paulo: Mercuryo, 1992.

FREUD, Sigmund. *O mal-estar na civilização* (Edição Standard Brasileira das Obras Psicológicas Completas de Sigmund Freud, Vol. 21). Rio de Janeiro: Imago, 1996.

HEMINGWAY, Ernest. *O velho e o mar.* Rio de Janeiro: Bertrand Brasil, 2021.

LÉVI-STRAUSS, Claude. *Antropologia Estrutural.* 2ª ed. (Biblioteca Tempo Universitário, Vol. 7). Rio de Janeiro: Tempo Brasileiro, 1970.

LOBATO, Monteiro. *Serões de Dona Benta e História das Invenções.* São Paulo: Brasiliense, 1947.

PESSOA, Fernando. *Antologia Poética.* Lisboa: Relógio D´Água, 2013.

PONDÉ, Luiz Felipe. *Marketing existencial: a produção de bens de significado no mundo contemporâneo.* São Paulo: Três Estrelas, 2017.

TEIXEIRA MONTEIRO, Duglas. *Os errantes do novo século.* São Paulo: Livraria Duas Cidades, 1974.

WEBER, Max. *A Ética protestante e o espírito do capitalismo.* São Paulo: Pioneira, 1967.

Plantar sementes para vê-las ganhar vida

Por Juliana Balan

Uma das coisas novas que as pessoas começaram a descobrir no último século é que os pensamentos – nada mais que simples pensamentos – têm tanta força quanto baterias elétricas e podem ser tão nocivos quanto um veneno.

Essa é uma das minhas citações preferidas de *O Jardim Secreto*, de Frances Hodgson Burnett[1]. Este livro foi a virada de chave da minha vida. A história fala sobre amadurecimento, cuidados, descobertas e recomeços. Como pode um jardim, abandonado há mais de 10 anos, florescer tão graciosamente?

Antes de falar do jardim, volto para os primeiros pensamentos, esses que têm tanta força quanto baterias elétricas e podem ser tão nocivos quanto veneno, os mesmos que são a nascente de ideias únicas, de futuras profissões, de palavras revolucionárias. Eles nascem de vivências, observações e estalos cerebrais que viram uma grande "Eureka!".

Eles começam ali, na infância, fase importante e essencial para nosso desenvolvimento, posteriormente, como adultos, profissionais, mães, pais, chefes, funcionários e afins. Toda a nossa construção mental, nossos pensamentos maturados ali na fase infantil, como uma graciosa borboleta que sai do casulo (tendo entrado como uma pequena e mirrada larva), são o que nos torna quem somos hoje.

Meus pais me tiveram muito precocemente. Nesse contexto, cresci com a Dona Darci, minha avó, minha confidente, dona das melhores histórias que já ouvi e dona da casa de pedras e portão de ferro, meu eterno castelo particular, ou melhor, o meu jardim secreto.

Os primeiros "pensamentos" inflamados brotaram todos ali. Tive uma infância literária e artística muito rica. Minha avó Darci tinha pilhas e pilhas de livros antigos de ficção, medicina, culinária, espiritismo e o que mais se pode imaginar. Na minha cabeça de criança, tudo fazia sentido e virava uma grande aventura.

Aprendi a ler muito cedo e, em primeiro lugar, me lembro das histórias. Minhas leituras eram as mais variadas: incluíam fábulas sobre bruxas e espíritos, romances que eu mal entendia e até biografias de gente com nomes difíceis de pronunciar. Mais tarde, eu transformava tudo em desenhos, recortes e co-

---

[1] BURNETT, Frances. *The Secret Garden*. p. 172.

lagens, que expunha com muito orgulho nas paredes da casa da minha avó. E ela, empolgadíssima, aplaudia a bagunça.

Lembro-me da primeira vez que peguei o velho exemplar de *O Jardim Secreto*. Depois de já ter assistido ao desenho e ao filme, eu queria realmente ler aquela história de que tanto gostava. Na época, não entendia a importância daquela aventura literária, mas foi algo que levei para toda a vida.

O Jardim Secreto conta a história de Mary, uma jovem órfã que teve de se adaptar a uma nova vida em um lugar ao qual não estava acostumada. Uma casa grande, vazia e triste. Nesse processo, conheceu o jardim secreto, um lugar inicialmente abandonado, mas que depois se tornou seu refúgio, seu maior tesouro e segredo.

Vivendo uma infância um pouco complicada, em que eu me sentia sozinha muitas vezes, tudo passou a ser meu jardim secreto. Sem nem ao menos perceber, comecei a levar o que acontecia em minha vida como algo que talvez pudesse ser um pouco feio aos olhos de alguns, mas que eu fazia questão de deixar bonito, de tornar meu, especial e completamente único.

Desde os meus desenhos feitos no papel, às pinturas em tecidos velhos da minha avó e às colagens por folhas, paredes e tudo mais (era uma bagunça!). As brincadeiras, as bonecas enfileiradas, tudo detalhado, com pedaços de pano de lá para cá, formava um cenário completo que abraçava todas as fábulas imaginárias dentro da minha cabeça.

Quando precisava fazer algo – qualquer coisa que seja –, uma brincadeira na época de criança, um trabalho escolar na adolescência ou um serviço passado pelos meus chefes agora na vida adulta, comecei a tomar como meu, com carinho, afinco e propriedade. Meu maior desejo é fazer tudo com o maior cuidado e maestria possível, para criar algo único, especial e verdadeiramente meu.

Ligada afetuosamente à história de Mary, muitas situações no meu crescimento foram recomeços para mim, muitos laços construídos e desfeitos, decepções, adaptações e descobertas. E foi durante essa fase tão importante da vida, a infância, que a faísca de quem sou hoje começou a se acender. Plantei ali, naquela terra fértil que é a curiosidade infantil, tudo o que eu queria que fosse belo e especial. Passei a colocar dedicação em tudo o que fazia e a criar o meu próprio refúgio. Pequenos passeios tornavam-se explorações a cavernas imaginárias, viagens de navio em busca da beira do mundo. Eu ia do chão ao infinito.

"Sabe por que tá gostoso? Porque fiz com amor." Essa era a resposta diária da minha avó para os insistentes comentários, caras e bocas que eu fazia comendo sua deliciosa comida. Poderia ser algo simples, um arroz com feijão, aquela carne de panela de sempre ou aquele macarrão com salsicha de todo dia, mas era sempre a coisa mais gostosa que eu poderia comer na vida. Essa afirmação me lembra muito *O Jardim Secreto*. Tudo deveria ser precioso e especial, era preciso cuidar, fazer com amor, cultivar para crescer bem, crescer forte e se tornar a melhor coisa que eu poderia fazer.

Fui crescendo assim, com essa história de infância e a vontade de fazer tudo ser extraordinário. Os pensamentos maquinavam na minha cabeça, um atrás do outro, sobre o que eu queria fazer, como queria ser quando crescesse e qual seria meu futuro. Medo, ansiedade e insegurança… cada vez me sentia mais como Mary, e tinha aqueles mesmos pensamentos. Hoje, olhando para trás, vejo o quanto essa história de fantasia me ajudou e como meus pensamentos construíram, de forma gradativa, a pessoa que sou hoje, com toda a carga criativa, a dedicação e o esforço exacerbados.

A ansiedade pelo sucesso pessoal e profissional, aquela chance de "ser alguém" e o peso de não poder falhar me acompanharam durante a adolescência inteira. Fui seguindo meu caminho e tomando decisões com base nas construções mentais arquitetadas na infância, porque assim é a vida. E o gosto por deixar tudo bonito, extraordinário e especial fez a diferença em todas as áreas, empresas, lugares que já trabalhei, em todas as relações, amizades e experiências que vivi. *"To plant seeds in – to make things grow – to see them come alive"*[2] é outra das minhas citações favoritas do livro de Burnett.

Quando Mary entra, pela primeira vez, no Jardim Secreto, ela imagina criar um lugar especial apenas para ela. *"I am the first person who has spoken in here for ten years"*[3], sussurra enquanto cuidadosamente cuida das plantas,

---

[2] Plantar sementes – fazer as coisas crescerem – vê-las ganhar vida". BURNETT, Frances. *The Secret Garden*. p. 73

[3] "Sou a primeira pessoa que falou aqui neste lugar em dez anos". BURNETT, Frances. *The Secret Garden*. p. 172.

tira ervas daninhas e vê esperança em um lugar completamente abandonado e esquecido. Essa imagem, eu relaciono de imediato com a quantidade de vezes em que me dediquei a coisas do meu âmbito pessoal e profissional com tanto carinho e afinco. Muitas vezes, na rotina da empresa ou nas metas pessoais, a muitas pessoas falta realmente tomar as coisas para si, assumi-las. A sensação de pertencimento traz à tona uma dedicação que, sem ela, não existiria.

Assim como o jardim abandonado há 10 anos, que floresceu tão graciosamente, tudo na nossa vida existe e acontece. As coisas seguem ali, o tempo passa. Acordamos diariamente para fazer o necessário e o obrigatório, para cumprir exigências de estudo e de trabalho – ou metas colocadas por nós mesmos ou pelos outros. Mas que rotina cansativa e infeliz, acordar para fazer a mesma coisa todos os dias, sem uma razão aparente. É nas brechas da rotina que o seu jardim deve florescer.

Floresço todos os dias ao perceber a importância de fazer tudo, como diz Dona Darci: "com amor". Meus jardins secretos se alastram por aí. Minhas relações inesquecíveis de amizade e de amor, minhas aventuras com meus melhores amigos e confidentes, os presentes especiais e únicos para minha família, meus trabalhos que mudam, transformam e desabrocham sonhos de outras pessoas.

Se o jardim está feio, malcuidado, abandonado, não há carinho, dedicação, afeto, adaptabilidade que não o façam florescer. E que orgulho quando você vê a primeira flor nascer no meio da terra seca. É sua e ninguém pode tirá-la de você. Fruto exclusivo da sua mão poderosa, ela que carrega toda a sua carga emocional, profissional e até mesmo espiritual.

Portanto, o que Frances Hodgson Burnett me ensinou com *O Jardim Secreto* foi a lição mais valiosa que já aprendi e que me fez ser quem sou hoje, com sua icônica frase do livro: *"As long as you have a garden, you have a future. And as long as you have a future, you are alive."*[4]

Livro citado
BURNETT, Frances. *The Secret Garden*. Lancaster: Sovereign, 2012.

---

[4] "Contanto que você tenha um jardim, você tem um futuro. Contanto que você tenha um futuro, terá vida." BURNETT, Frances. *The Secret Garden*. p. 181.

A boneca e a equilibrista

Por Maggi Krause

Dois segundos. O exato tempo em que ela se demorou no ar para logo depois espatifar a cara no chão. Mergulhou de nariz, em um salto imperfeito diante do meu olhar incrédulo. A boneca deixou um lugar cômodo e escondido, no alto da prateleira superior do guarda-roupa, e inundou meu momento de impotência. Não pude salvá-la.

O rosto de porcelana se arruinou e, no instante seguinte à constatação, avistei uma grossa lágrima molhando o piso. Apenas anos depois fui entender tamanha dor. A tragédia não anunciava a morte da boneca preferida, mas o fim de uma era de abundâncias, de planos sonhados e bem realizados.

Aquela figura de menina, com olhos e cabelos castanhos, pele branca, semblante sereno e confiante, guardava uma memória. Aquela era eu mesma, bem menos o meu físico de menina e mais a expectativa do que eu poderia ser, em quem me transformaria. Costumava me olhar de um jeito calmo e ao mesmo tempo curioso e, acima de tudo, esperançoso.

O suicídio da boneca me forçou, enfim, a reconhecer um corpo de pano já sem face e sem olhos, um resto de cabeça oca por dentro, reverberando ecos inquietos e devastadores. A existência não trazia em si mais do que um punhado de expectativas não concretizadas, agora explícitas ali, em cacos desarrumados pelo quarto.

Uma prima com filhos pequenos tinha acabado de perder o marido muito amado em um acidente trágico, prova de que todos os sonhos podem se evaporar em poucos minutos e é preciso se refazer, juntar os cacos e seguir adiante, carregando o que sobrou de si. Sem tempo para nada, até porque hospedava parte da família enlutada em nosso apartamento, enfiei em uma sacola de papel o corpo da boneca ainda vestido, a cabeça destruída e algumas partes desconexas e enterrei no fundo do armário, sem vislumbrar conserto.

Não havia o que restaurar e o estrago era mau presságio, anunciava pela frente anos difíceis e esperanças frustradas. A expectativa era uma, a realidade, outra. A boneca guardava em si uma memória de infância, fora presente da minha 'mãe alemã', que me acolheu em intercâmbio durante dois meses de um inverno nevado e me iniciou na cultura germânica, até então presente no DNA, no meu nome, nas visitas aos avós no Rio Grande do Sul e em diálogos e leituras básicas na língua de Goethe, aprimorada na escola. Eu tinha apenas 11 anos.

A figura de porcelana exibia minhas cores brasileiras e meu biotipo longilíneo, mas o que mais chamava a atenção eram seus olhos de vidro – que miravam o futuro. Quem diria que aos 50 esse futuro se esfarelasse à minha frente, em uma situação com poucas saídas e algumas escolhas dolorosas que foram sendo proteladas, empurradas graças à inércia e falta de coragem. Era assim que me via no presente, longe do cenário outrora vislumbrado por aqueles olhos reluzentes. Não à toa que só duas letras separam a menina da boneca na língua italiana: a *bambina*[1] da *bambola*. E que a tal figura seja muito mais do que um brinquedo – ela é uma representação de desejos, ansiedades, de fazeres da infância, de perspectivas e de atitudes diante do crescer.

Precisei ler Elena Ferrante e sua viciante tetralogia italiana para compreender em toda a profundidade essa boneca e para reconhecer como a sociedade trata, aprisiona e manipula a mulher desde pequena. Por quatro grossos romances, acompanhamos a vida e os dramas existenciais das protagonistas – Lenu e Lila. A história começa com as duas cuidando de suas bonequinhas surradas, reproduzindo os papéis de mãe que lhes são delegados. Naquelas décadas de pós--guerra na Europa, a maternidade ainda significava o ápice, tudo mais era acessório. Desejos de carreira eram subjugados, massacrados, seguidos só à revelia, se houvesse esforço da família para persistir em estudos que eram privilégio de uma elite... enfim, um cenário ainda mais duro do que o atual. Olhando para 2022, em que as fronteiras acadêmicas e profissionais estão plenamente abertas independentemente de gênero, tudo parece ter avançado a uma velocidade incrível – das liberdades às tecnologias –, mas a mulher ainda enfrenta as mesmas batalhas daqueles tempos. A essência da condição feminina pouco mudou.

A dupla de amigas que inicia sua saga pelo livro *A amiga genial* vive uma cena icônica ao resgatar uma boneca que caiu em um porão das garras de Dom Achille, o homem mais poderoso do Rione, o bairro de Nápoles onde é ambientada a história. E os brinquedos simples ensejam representações delas mesmas, que da infância à maturidade foram do céu ao inferno, passando pelas mãos, as cabeças teimosas, a sede de poder e os preconceitos dos homens. Deixando de lado os valentões e os mafiosos do romance, mesmo pais, irmãos, namorados e maridos estudados ou aparentemente mais dóceis não queriam renunciar à dedicação quase exclusiva e desvalorizada das mulheres para deixar florescer o talento delas.

---

[1] Menina e boneca, em italiano.

Essa falta de reconhecimento de vontades e vocações é sofrida até hoje e vem envolvida pela sensação de que não existe tempo ou espaço para essas direções. A famosa jornada dupla ou tripla da minha juventude (agora sou uma cinquentona), vem sendo rebatizada com nomes mais contemporâneos como trabalho emocional, carga mental, economia do cuidado... que se afunilam em uma palavra só: sobrecarga! Sabe-se lá por quantas décadas – e enquanto não instituírem as bonecas para os meninos alimentarem, vestirem e levarem para passear – a exaustão ainda vai continuar se acumulando entre os membros femininos de qualquer família.

Em uma das passagens mais marcantes de *História de quem foge e de quem fica,* a protagonista, Lenu, já adulta, no meio de sua vivência tríplice, dedicada a marido, filhas e carreira (nem menciono os cuidados com a casa, pois estão ali juntos e embutidos), presencia o seguinte diálogo:

> *(Nino)... se virou para Pietro e disse:*
> *"Você deve deixar sua mulher ter mais tempo."*
> *"Ela tem o dia inteiro à disposição."*
> *"Não estou brincando. Se você não fizer isso, estará sendo culpado não só no plano humano, mas também no político."*
> *"E qual seria meu crime?"*
> *"O desperdício de inteligência. Uma comunidade que acha natural sufocar com o cuidado dos filhos e da casa tantas energias intelectuais femininas é inimiga de si mesma e não se dá conta."*
> *Esperei em silêncio que Pietro respondesse. Meu marido reagiu com ironia:*
> *"Elena pode cultivar sua inteligência quando e como quiser, o essencial é que não tire tempo de mim."*
> *"Se não tirar de você, vai tirar de quem?"*
> *Pietro fechou a cara.*
> *"Quando a tarefa que nos impomos tem a urgência da paixão, não há nada que possa nos impedir de levá-la a cabo."*
> *Me senti ferida, murmurei com um sorrisinho falso:*
> *"Meu marido está dizendo que não tenho nenhum interesse autêntico."*
> *Silêncio. Nino perguntou:*
> *"E é assim?"*
> *Respondi de pronto que não sabia, que não sabia nada. Porém, enquanto falava constrangida, com raiva, me dei conta de que meus olhos se enchiam de lágrimas. Baixei o olhar.*[2]

---

[2] FERRANTE, Elena. *História de quem foge e de quem fica.* p. 357.

Escorre dessas frases curtas uma franqueza brutal, reveladora de como os homens pensam, de como eles deixam de se questionar sobre a versão encurralada dessa mulher e de como ela se sente. E me pergunto: quem nunca interpretou, mesmo de modo inconsciente, um dos três personagens desse diálogo? Fica fácil para o outro imaginar que a paixão por uma atividade fosse verdadeiramente capaz de deletar as tantas outras tarefas a que a esposa, mãe e cuidadora está amarrada.

A autossabotagem embutida nas últimas linhas nos revela que não é apenas uma situação imposta, mas repousa uma permanente sensação de que o cuidado com a sobrevivência da família e da espécie é feminino. Esse malabarismo, que inclui balancear essas demandas ancestrais com as contemporâneas, ou seja, o trabalho fora de casa, colocaram em nossos ombros e o aceitamos. Aceitamos, sim, com resiliência, mas não sem revolta ou algum tipo de desfavorecimento – seja físico, emocional ou espiritual. Enfrentaríamos a vida com menos batalhas e mais leveza se não precisássemos dar conta de tantas demandas.

* * *

A sensação de sobrecarga é compartilhada pelas mulheres que dividem sua rotina entre ser mãe e profissional. Pelo menos foi o que comprovou nas pesquisas a autora de *Vida de Equilibrista, dores e delícias da mãe que trabalha*[3], Cecília Russo Troiano. Ela descreve que a identidade dessa mãe é formada por um tripé de sustentação:

> *ela é muito feliz com a maternidade, crê na qualidade mais do que na quantidade*[4] *e sente-se sobrecarregada. (...) Sem dúvida, esse gerenciamento de tantas frentes cobra um preço.*[5]

Os capítulos do livro, que mesclam depoimentos a resultados de levantamentos quantitativos e qualitativos, compõem um retrato fiel da realidade dos primeiros anos deste século (a publicação é de 2007). Essa experiência feminina se alterou nas últimas décadas mais pelo uso dos aplicativos, que nos ajudam e também nos infernizam, e pela entrada do trabalho no *home office*, que aproximou ainda mais vida profissional e pessoal. Mas os sentimentos mais marcantes continuam idênticos.

---

[3] A frase "Acho minha rotina muito sobrecarregada" obteve 70% de concordância entre as pesquisadas.
[4] Nesse caso, de tempo dedicado aos filhos.
[5] TROIANO, Cecilia Russo. *Vida de equilibrista.* p. 112.

A temática que permeia o capítulo Coração Dividido é a da culpa. E ela segue firme.

Determinada a vencer na carreira e a buscar realização pessoal ou ao menos dedicar-se a um trabalho que traga conforto material para a família, a mãe já sai de casa pensando nas horas roubadas da convivência com o filho. E nesse momento floresce a culpa, essa fiel companheira.[6]

Além de me ajudar a lidar com a infindável questão da culpa, *Vida de Equilibrista* tem relevância máxima na minha vida por dois motivos: foi a primeira vez que atuei como editora de texto em um livro e, depois de me desdobrar em três, editando revistas na Editora Abril, com os dois filhos pequenos em casa e ainda usando noites e finais de semana para terminar esse *job*, resolvi colocar carreira e maternidade na balança. Me senti capaz e empoderada para prestar serviços como jornalista independente, trabalhando bastante, mas com flexibilidade de agenda. Buscar na escola, levar à natação e a festas de aniversário, ter mais tempo para conversas, jantar juntos: um período gostoso e mais próximo dos meninos. Mudamos de casa e de bairro, meu caçula tinha acabado de completar 3 anos quando abandonei o crachá para voltar somente quatro anos depois para um emprego com carteira assinada.

Desde a publicação do livro, me considero uma equilibrista que, assim como tantas outras, busca dar conta de seus vários papéis e priorizar pratinhos. Tornou-se uma chancela. Antes de qualquer definição, sou uma equilibrista. A confiança que a Cecília teve em me entregar a edição também foi transformadora. Realizar o trabalho bastou para me convencer de que sabia fazer algo além de editar revistas e de que eu seria organizada o suficiente para participar e até liderar projetos de editoras ou de pessoas físicas. Minha relação de amizade e colaboração com a Ciça deu vários frutos, até que cheguei a editar *As Marcas no Divã,* do Jaime Troiano, e dali em diante nossas parcerias editoriais não pararam mais... por isso você lê estas linhas, pois tive o grato privilégio de ser convidada pelo Jaime a estrear como autora nesta coletânea.

Editar livros, para mim, é ter o benefício da leitura primeira, olhar os escritos por dentro, analisar as entranhas das frases e procurar ritmos e fluências, apri-

---

[6] TROIANO, Cecilia Russo. V*ida de equilibrista.* p. 112.

morar o texto fazendo pequenas ou grandes escolhas. De certa forma, é atuar como mediador entre o que o escritor deseja transmitir e o leitor. O ofício exige empatia para entender o ponto de vista de quem escreve, e criação, para imaginar quem lê. Em outras palavras, pede que você se coloque, alternadamente, no lugar de um e do outro. E a ação fascinante da leitura não deixa de ser uma relação delicada entre os dois.

Essa transmissão de ideias, de quem escreve para quem lê, flutua em espaço e tempo – páginas escritas há séculos podem ter significados e ser reinterpretadas no dia de hoje de um modo único e intransferível por qualquer leitor, em qualquer situação. A palavra escrita, diferentemente da oral, é um registro que admite a interpretação e, por isso, mais que transmitir novas ideias, visões e valores, ela significa a introdução da lógica, da razão, da relativização. Como se fossem pessoas, os escritos também estão sujeitos a apreciação e a julgamentos.

* * *

"Que livro você está lendo?", perguntou o avô, na varanda da casa de fazenda. A resposta do neto adolescente veio rápida: *Quarto de Despejo, diário de uma favelada*, de Carolina Maria de Jesus. O comentário veio acanhado e torto "Tome muito cuidado com o que lê, pois esse pessoal não é exemplo, aliás, pode até ser má influência, com ideias…" nem bem continuou, deu a entender que favela não era lugar de gente de bem e muito menos literatura para jovem de hoje. Por sorte, o menino se esgueirou, evitou conflito, fez que não era com ele e partiu para o sofá da sala, longe do grupo de conversa, determinado a completar a leitura.

A observação não caiu bem, mas o avô nem se deu conta da crítica infundada e já ia ficar por isso mesmo. Vazia de respostas prontas, refleti por um momento, me preparei para argumentar com respeito e paciência: "Senhor, este livro ele está lendo a pedido da escola e eu acho isso muito bom. A autora é trabalhadora, negra, pobre e foi a primeira nessa condição a relatar das dificuldades de quem vive na favela." Segui em frente, contando que a literatura permite contato com realidades desconhecidas dos nossos cotidianos pequenos e limitados. E como o ato de ler, penetrando nas rotinas e nas mentes dos personagens, sejam eles reais ou inventados, nos transporta para novos ambientes, revela outras aflições, alegrias e sofrimentos, permite se imaginar no lugar do outro. Entregar-se à literatura significa enredar-se em um jogo com as palavras que nem sempre sabemos aonde nos levará e, por vezes, não nos deixará confortáveis a continuar a viver com nossas escolhas. Entregar-se à leitura rompe com certezas e nos leva a conhecer outras possibilidades de ser feliz ou de ser infeliz.

É quase como cheirar e escutar os sons do Rione, a periferia napolitana, e ver cenas da infância e as emoções de Lenu e Lila, da tetralogia italiana; ou identificar-se com a desolação do homem de quarenta anos que não se sentia completo sem ter um filho a quem se dedicar em *O filho de mil homens*, de Valter Hugo Mãe. Ou ainda vestir a pele encardida da jovem violentada pelo padrinho na infância e que ressurgiu fortalecida e renovada depois do dilúvio que assolou a cidade numa das fábulas fantásticas de Conceição Evaristo em *Histórias de leves enganos e parecenças*. E se apavorar como o médico do interior quando apareceram quatro cavaleiros com fama de assassinos em sua porta para saber o sentido de uma palavra no conto *Famigerado*, de Guimarães Rosa. Mais perto ou bem longe de nós, no espaço ou no tempo, cenários geográficos ou estados anímicos incitam reconhecimento ou repulsa, mas jamais nos deixam indiferentes: ampliam nossos olhares, nos modificam, nos acrescentam.

Escutar esse modo de entender a leitura, – seja ela de uma aventura épica, de contos populares, de um romance clássico ou ainda do relato autobiográfico de uma mulher humilde – alterou na hora a postura de quem emitiu a atravessada crítica. Muito estudado, mas pouco leitor, o avô considerou com carinho a minha exposição e sabiamente concordou com o meu ponto de vista. Dispenso discussões com familiares sobre assuntos sensíveis – política, dinheiro ou religião –, mas ando disposta a defender as maravilhas que a leitura provoca, até mais do que elogiar produções literárias, também sujeitas a gosto e opinião. Assim como as palavras dos livros nos imprimem sensações e nos alargam entendimentos, me convenci de que vale a pena expor alguém a outras óticas e escavar um pouco de empatia, nem que seja dentro de casa.

* * *

"Livros não mudam o mundo, quem muda o mundo são as pessoas. Os livros só mudam as pessoas", já nos dizia o sábio poeta Mário Quintana[7]. Não consigo terminar de explicar a minha relação com os livros sem elas: as pessoas! A pandemia devolveu ao meu marido o tempo para as leituras e logo muitos volumes, comprados pela internet, foram invadindo as estantes do nosso quarto. Ele, que passava férias na fazenda sem televisão na infância, tinha os livros

como companhia constante. Eu, filha de diretor de escola e professora, cresci praticamente dentro do colégio e quando menina não passava uma semana sem visitar a biblioteca escolar. Sem contar as preferências pessoais de cada um, desde a época de namoro colecionamos os romances de Ítalo Calvino, passamos juntos por vários exemplares de José Saramago e agora estamos na fase Valter Hugo Mãe – ainda não lemos todos, mas chegaremos lá!

Um dos mais aclamados escritores da língua portuguesa na atualidade, nascido em Angola e criado em Portugal, o autor me encanta pelo modo como costura os sentimentos das pessoas em suas frases com palavras meticulosamente escolhidas e cheias de metáforas. Viajar por páginas de VHM[8] é entregar-se a um universo de imagens quase oníricas, como se fossem obras de uma arte viva, que carrega sensações... Com sua prosa poética, além de romances, ele escreve contos, que às vezes se entrelaçam e formam uma história única, como em *O filho de mil homens*. Li maravilhada e boquiaberta suas descrições como a do órfão Camilo:

> *Era um menino na ponta do mundo, quase a perder-se, sem saber como se segurar e sem conhecer o caminho. Os seus olhos tinham um precipício. E ele estava quase a cair olhos adentro, no precipício infinito escavado para dentro de si mesmo. Um menino carregado de ausências e silêncios.[9]*

Um exímio desbravador de períodos complexos e interessantes da vida – todos, na verdade, da infância à velhice –, VHM consegue nos confrontar com personagens ou nos colocar na pele deles. Como bem resume Mia Couto no prefácio de Contos de cães e maus lobos: *"Está nestes contos aquilo que está em toda a sua obra: o questionar das nossas certezas mais fundas, uma visita às profundezas da alma. A escrita de Valter sugere, a todo momento, que os outros somos nós mesmos."* Meu sonho é que dessa forma, mesmo sem ter essa pretensão, VHM consiga modificar aos poucos as visões de quem mergulha na leitura de suas narrativas encantadoras. Como não ter empatia pela criada que transformou a peça doada pela patroa numa linda blusa?

---

[7] *Revista Entre Livros,* Ano I, nº 07.
[8] Ele também é conhecido por essa abreviatura – as primeiras letras de seu nome.
[9] MÃE, Valter Hugo. *O filho de mil homens.* p. 24.

A moça transformara o velho lenço rasgado. Como quem costura charcos de água, ela criou uma obra perfeita e (...) quem a encarava julgava ver uma moça com a possibilidade de ser feliz. A patroa, despreparada para a surpresa, ordenou-lhe que fosse embora, que entrasse imediatamente em casa e se arranjasse nas vestes que lhe competiam. Ser bonita estava absolutamente fora das suas competências. Não eram modos para uma criada, e não se fazia festa na missa de domingo. Estava obrigada a ter decoro, a ser discreta. Estava obrigada a ser ninguém. Como se a beleza ou a felicidade fossem indecorosas.

A moça, apressada, obedeceu. Pensou que, remendado, o lenço continuava a ser como um bicho ferido. Sentia, contudo, que o rasgado passara para dentro do seu peito.[10]

Belíssimas na forma e ainda carregadas de sentido, essas frases merecem ser apreciadas sem pressa, e me pego avançando na leitura e desacelerando no final... o livro é tão bom que eu não queria que acabasse. Esse título me inspirou a ler contos em voz alta para quem ali estivesse disponível a ouvir, algo espontâneo e inédito na minha vida, mas que me fez compartilhar com pessoas próximas essa paixão pela construção primorosa de um texto e toda a potência que ele consegue expressar.

***

Estou cada vez mais convencida de que a arte salva dos labirintos internos, das noites atormentadas por pensamentos, das feras de dentro. Faz aplacar a raiva que chega em inúmeras situações, apazigua a alma e ainda devolve esperanças aos nossos olhos. A literatura é antídoto para realidades inconcebíveis, bálsamo para curar feridas e embalar sonhos em meio ao cotidiano equilibrista.

E talvez você esteja se perguntando como terminou, afinal, o episódio da boneca suicida. Seus restos mortais quebrados, eu desenterrei faz um ano e pouco daquele armário e joguei no lixo sem dó. Aquela história de que coisas velhas e quebradas retêm más energias parece ser justa... meu olhar sobre o presente retoma, assim como a situação que vivo, aos poucos, o eixo.

---

[10] MÃE, Valter Hugo. "A menina que carregava bocadinhos", *In: Contos de cães e maus lobos.* p. 19.

Alguns anos antes, duas pessoas queridas arquitetaram uma substituição à boneca arrebentada. Minha mãe ligou para minha 'mãe alemã' e passou adiante meu sofrimento com o incidente. Em visita ao Brasil, ela trouxe na bagagem outra menina de porcelana, 'irmã' da que decora seu próprio quarto, na Alemanha. Essa nova boneca repousa amparada e longe de riscos numa pequena estante de livros. Não tem mais a minha cor, nem os meus olhos, mas tem cabelos quase grisalhos de tão loiros. Quem sabe esteja me representando na maturidade, imbuída de vontades que eu ainda nem conheço, retraçando planos. Com os filhos quase saindo de casa, precisarei aposentar a equilibrista que mora em mim e me reinventar nessa nova fase. Mas não vou me apressar. Como nas melhores leituras, é necessário concentrar-se, deixar-se embalar e aproveitar todo o encanto das frases... uma página após a outra.

Livros citados

EVARISTO, Conceição. *Histórias de leves enganos e parecenças*. Rio de Janeiro: Malê, 2016.

FERRANTE, Elena. *A amiga genial: infância, adolescência*. São Paulo: Biblioteca Azul, 2015.

FERRANTE, Elena. *História de quem foge e de quem fica*. São Paulo: Biblioteca Azul, 2016.

JESUS, Carolina Maria de. *Quarto de despejo: diário de uma favelada*. São Paulo: Ática, 2004.

MÃE, Valter Hugo. *Contos de cães e maus lobos*. Rio de Janeiro: Biblioteca Azul, 2018.

MÃE, Valter Hugo. *O filho de mil homens*. São Paulo: Biblioteca Azul, 2016.

ROSA, João Guimarães. *Primeiras estórias*. Rio de Janeiro: Nova Fronteira, 2001.

TROIANO, Cecília Russo. *Vida de equilibrista: dores e delícias da mãe que trabalha*. São Paulo: Cultrix, 2007.

TROIANO, Jaime. *As marcas no divã – uma análise de consumidores e criação de valor*. São Paulo: Globo, 2009.

Uma viagem no tempo

Por Marina Fuess Nishimura

Não me vejo como uma pessoa comum. Lógico que todos temos as nossas singularidades, mas, em muitos grupos que frequento desde que nasci, me imagino como a ovelha arco-íris, sempre se destacando (para o bem e para o mal). Pela minha história, sinto que cumpri meu dever acadêmico: do Ensino Médio direto para faculdade de Administração na USP, depois o mestrado cursado na Europa. Mas, ao regressar ao Brasil, a vida me levou para um caminho não convencional: decidi ser instrutora de yoga. Com certeza, algumas pessoas na minha família desaprovam minhas escolhas. Acho que eu sempre quis ser excepcional, ser diferente e deixar minha marca na humanidade, ser lembrada por algo após minha partida física. Não é algo que me incomoda ou intimida. Por isso, por mais difícil que seja, não me deixo levar pela pressão social para fazer coisas que simplesmente não fazem sentido para mim. Festas com álcool e adolescentes, drogas, pegação, nada disso me interessava muito na adolescência. Claro que tinha minhas paixões, meus escapes, até mesmo frequentava algumas dessas festas, mas essa necessidade pela fuga da realidade, pela alteração de consciência, não é minha praia até hoje. Sempre fui mais dos esportes, dos livros, de viajar lendo *fanfics* (histórias escritas por fãs com personagens de livros/séries famosos) madrugada adentro, em lugar de beber numa balada.

A Garota das Laranjas[1] chegou para mim nessa época da adolescência. Conhecia seu autor de nome, Jostein Gaarder, pelo célebre *O Mundo de Sofia* (que preciso confessar, até hoje nunca li, imagino que pelo meu apego a essa obra específica). Eu, diferentona, sem planejar peguei um livro que não era a escolha óbvia de um autor conhecido. Escolhi pela capa, assumo. A primeira edição que eu tive era roxa, uma das minhas cores preferidas. Esse exemplar eu não tenho mais, pois foi enviado de presente para um antigo *affair* alguns anos atrás. O livro conta a história de Georg, quando, aos 15 anos, "recebe" uma carta de seu pai Jan Olav, falecido 11 anos antes. Fui sugada pelo mistério. Curiosa como sou, queria descobrir logo quem era a garota das laranjas. Não me lembro ao certo se eu abri para ler a última página, hábito que tinha na época, mas, mesmo se o tivesse feito, não teria encontrado explicitamente a minha resposta.

A garota era realmente muito misteriosa. Seu primeiro encontro com Jan acon-

---

[1] GAARDER, Jostein. *A Garota das Laranjas.*

tece num bonde lotado, onde ela carrega... adivinha? Um saco de papel cheio de laranjas. Ele, num ato supostamente heróico, tenta salvá-la (e suas laranjas, claro) de uma queda, mas acaba ocasionando uma chuva de laranjas pelo bonde. Ela fica um pouco surpresa, um pouco brava, mas acaba pegando apenas uma laranja dentre todas que ele tentou recolher e desce no ponto seguinte. Daí pra frente, Jan Olav passa a procurá-la por Oslo. Procura nos bondes, nos mercados de fruta, por estações de esqui. Eles têm mais alguns encontros despretensiosos (ou não?) e sempre trocam olhares, poucas palavras e, às vezes, algum toque. O silêncio é um companheiro desses encontros. Não o do tipo desconfortável, mas, sim, daquele tipo que só as pessoas mais íntimas conseguem dividir. Esse conforto que eles se proporcionam, de fato, envolve o leitor. Mas os encontros com a garota também provocam o homem. Jan Olav compartilha suas teorias, que estão mais para pirações, sobre quem é essa figura mística que ele tanto busca. Será que ela existe mesmo?

Ao reler esse livro, não pude evitar e me questionei como os adolescentes de hoje receberiam essa aventura. Naquela época, não dava para pesquisar no Instagram nem abrir um *app* de relacionamento. Tampouco jogar "garota + laranjas + Oslo" no Google. Acho que, se isso se passasse nos tempos de hoje, sem as particularidades de um mundo mais analógico, esse romance não seria um enigma tão envolvente. Não desejo entregar completamente a história aqui, mas me lembro que, como boa adolescente sonhadora, romântica e inexperiente – uma adolescente bem comum, nesse caso –, fui cativada por essa busca do amor, essa entrega, essa dedicação, esse esforço que Jan Olav fazia para encontrar sua garota das laranjas.

Esse romance misterioso pode ter sido um motivo que me prendeu ao livro, mas não foi o que o tornou um de meus livros favoritos. Ao ler a longa carta de seu pai, Georg resolve comentar e criar um diálogo com esse pai que ele mal conheceu e de quem tem pouquíssimas lembranças. Eu vejo Georg, assim como eu era, como um jovem excepcional, como uma ovelha arco-íris. Na escola, enquanto seus amigos faziam trabalhos com assuntos mais comuns, ele pesquisa e escreve dezenas de páginas sobre o telescópio Hubble, sobre o universo, astros e estrelas. Tal interesse, inclusive, surpreende Georg quando ele descobre que é dividido com seu falecido pai. Também sou fã das grandes questões sobre o universo, gosto de aprender sobre buracos negros, de tentar entender as distâncias, os tamanhos, a idade de planetas e estrelas.

Olhar para o céu, por si só, já é uma viagem no tempo. A noite nos traz um retrato de algo que existiu milhares, milhões, às vezes, bilhões de anos atrás. Não é louco? Só falta a roupa de astronauta para embarcarmos – eu e o personagem principal, o Georg – junto com Matthew McConaughey, em Interestelar. Que privilégio é poder olhar para um céu estrelado, seja em São Paulo, seja em Oslo, para nos trazer de volta os pés ao chão. Olhar para cima para se conectar com o presente. Para quem gosta de coisas mais palpáveis, acredito ser mesmo fácil cair em conspirações. Como pode existir algo que nos rodeia, que não nos esmaga e que nem conseguimos imaginar sua imensidade de tamanho e de idade? Também entro em algumas pirações. Será que podemos considerar que Jan Olav viajou 11 anos no tempo ao se fazer presente na vida de um Georg de 15 anos que ele nem conheceu? Seriam as estrelas que vemos cartas do passado como a enviada por Jan? O que elas estariam nos dizendo?

Mas, voltando ao Georg, acho incrível vivenciar o processo de conhecer seu próprio pai. Jan Olav faleceu antes de ele completar 4 anos, então, é claro que suas memórias com seu pai são escassas. A partir da carta recebida, o jovem pode quase escutar seu pai contar sua história, revelar sua forma de se expressar, seus medos, seus gostos e suas loucuras mais íntimas. Num primeiro momento, Georg fica bravo por seu pai reacender essa dor. Afinal, ele já tinha partido há 11 anos, para que trazer esse luto à tona mais uma vez? Mas Jan Olav era um homem muito perspicaz. E alguém que, assim como eu, queria deixar sua marca no mundo, ser lembrado após a sua partida. E assim o fez. Aos poucos, Georg vai criando uma intimidade com seu pai, o entendendo, e até o acolhendo.

A meu ver, é um resgate do pai na vida do filho. E isso me toca profundamente. Tenho a sorte de ter meu pai vivo, mas por muito tempo não foi um relacionamento próximo. Durante minha infância, ele se esforçou para ser o melhor pai que poderia – assim como Jan Olav em seus últimos dias –, mas isso significou muitos meses longe, por muitos anos. O livro me provoca, me faz remoer questões delicadas que essa distância me trouxe. Quem seria sua garota das laranjas? Ou seria das jabuticabas, já que estamos em terras tupiniquins? Meu processo de terapias e análise me levou a começar a compreender meu pai como um indivíduo, antes mesmo do rótulo de "papai".

Na época que li *A Garota das Laranjas* pela primeira vez, ainda sofria muito com o divórcio dos meus pais. Culpava a ambos pela minha dor. Foram anos até conseguir lidar com isso. Até enxergar minha mãe como Teresa e meu pai como Milton. Vejo a complexidade que é isso para outras pessoas também. Quantas crianças, quando começam a aprender a falar, não ficam surpresas quando descobrem que, na verdade, o nome do papai não é papai nem o da mamãe, mamãe? Acho que fiquei assim também quando comecei a conhecer e aceitar Teresa e Milton. Que processo louco e complexo. Deixar seus traumas de lado ou, com sorte, superá-los para se permitir escutar e conhecer quem eles são como indivíduos. Ambos, ovelhas arco-íris em seus próprios nichos. Minha mãe (ou devo dizer Teresa?), quando adolescente, foi primeira aluna do Bandeirantes no segundo colegial e entrou em engenharia na Poli, que até os dias de hoje ainda conta com poucas mulheres entre seus estudantes. Meu pai (ou Milton?), filho caçula de primeira geração de japoneses no Brasil, casando-se com uma *gaijin* (uma não japonesa). Quanta ousadia! Acho que tenho a quem puxar.

Georg também tinha a quem puxar. Em suas trocas com seu pai, é possível ver seu lado questionador, inteligente. Georg amadurece imensamente nesse processo de ler a carta. Ao mesmo tempo que Jan Olav conta da história da garota, ele relata um pouco do dia a dia com o pequeno Georg, de 3 anos. Suas idas ao jardim de infância, suas brincadeiras na sala. Tudo isso enquanto ele se prepara para sua morte. É o processo da morte de Jan Olav coexistindo com a vida e os novos aprendizados do pequeno Georg.

Esse processo de se preparar para a morte gera em Jan Olav uma grande dúvida. Foram poucos meses entre descobrir a doença terminal e a sua morte. Foram poucos anos que Jan Olav viveu ao lado de sua esposa e de Georg. Teria tudo isso valido a pena? Se houvesse a escolha, teria ele escolhido viver essa vida ou não? Jan Olav, então, questiona seu filho se ele escolheria a vida mesmo que breve, se decidiria sair de um espaço atemporal para nascer e viver, mesmo sem saber por quanto tempo, mesmo sabendo que seria apenas uma chance e que, depois, teria que abrir mão de tudo.

Se optar pela vida, também está optando pela morte.[2]

---

[2] GAARDER, Jostein. *A Garota das Laranjas*. p. 112.

Caso o adolescente dissesse que não, Jan Olav seguiria se culpando pelas suas escolhas e vivências. Caso Georg respondesse que sim, que faria essa aposta na vida, então a existência de Jan Olav estaria, de certa forma, justificada. Na minha opinião, é algo demasiadamente profundo para ser lançado para um adolescente descobrir. Mas Georg dá conta e oferece sua resposta de forma sagaz e madura.

Como pessoa curiosa que sou, não consigo evitar trazer a pergunta para a minha própria existência. Escolheria eu a vida ou não? Para falar mais sobre a minha escolha, venho contar outro fato sobre mim que pode, a princípio, parecer desconexo: sou louca por doces. Desde sempre! Até açúcar puro eu roubava do pote no armário. É frequente, quando eu experimento um doce saboroso ou como num restaurante mais caro que não poderei frequentar muitas vezes, eu dizer que preferiria nem ter descoberto aquela sobremesa. Revelo outro fato: é mentira, quero conhecer tudo. Claro que viver na ignorância, sem conhecer aquela *banoffee* maravilhosa ou sem se questionar muito sobre grandes questões existenciais pode ser mais fácil, mas isso não me satisfaz. Sou uma experimentadora em série. Amo o novo, ele me nutre. Comidas, restaurantes, viagens, vivências, amizades. São essas trocas que me fazem sentir viva. Por essas trocas que eu diria que escolho, sim, a vida, pelo tempo que for. Escolho, sim, a morte e a aceitação de que um dia tudo chega ao fim.

> *Olhe para o mundo, Georg, olhe para o mundo antes de mergulhar na física e na química. (...)*
> *Será que você entende o que estou tentando exprimir, Georg? Ninguém se despede chorando da geometria euclidiana nem da tabela periódica dos átomos. (...) É de um mundo que nos despedimos, é da vida, é do conto de fadas e da aventura. E, além disso, temos que nos despedir de um pequeno número de pessoas que realmente amamos.[3]*

Eu não vejo a morte como esse monstro, esse terrível acontecimento que tantos temem. Talvez pela minha ascendência japonesa e por ter crescido com uma perspectiva alternativa à cristã que permeia a sociedade brasileira, vejo a morte como mais uma das experiências da vida. Espero ter tempo para viver muita coisa, é claro, mas desejo chegar ao final com a certeza de que fiz o que

---

[3] GAARDER, Jostein. *A Garota das Laranjas.* p. 102.

achava melhor, de que amei quem quis amar, de que vivi as experiências que almejava e de que realizei os sonhos que sonhei. Mais importante do que escolher se gostaria ou não de viver, acho que a pergunta que fica é: você escolhe viver uma vida que te inspira e preenche ou uma vida que deixará buracos quando a sua hora chegar?

Ao reler a obra, sinto que era isso que Jan Olav buscava com sua carta: preencher os buracos que sua breve vida estava deixando. Não tenho filhos pra saber como é a angústia de ter a certeza que você não vai acompanhar esse crescimento, só posso imaginar. Talvez nem isso. Viver todas as emoções que ele passava em seus últimos dias, contemplando seu filho e esse seu futuro sem o pai é complexo, por vezes até indigesto, e me emociona a cada releitura. Sua carta não é só uma declaração de amor ao seu filho e à história dos dois, mas é uma viagem no tempo que possibilita um afago aos corações partidos por relacionamentos que se desfizeram – por obra do destino ou de fatalidades – muito mais cedo do que gostariam.

Livros citados

GAARDER, Jostein. *A Garota das Laranjas.* São Paulo: Companhia das Letras, 2005.

GAARDER, Jostein. *O mundo de Sofia.* São Paulo: Companhia das Letras, 2012.

O espelho do auto-conhecimento

Por Michaela Ergas

onfesso que quando recebi o convite para estar aqui, em um primeiro momento achei que não teria muito com o que contribuir. Claro, eu leio. E coleciono livros que mudaram a minha vida; a maior parte deles já esteve na seção de autoajuda da livraria, ou seja, algum efeito eles tiveram. Pensando bem, chega a ser irônico. Acreditei que não poderia somar ao me comparar com colegas que escreveriam sobre livros de autores reconhecidos e grandes obras--primas. Refletindo mais sobre o tema, mudei de ideia. Afinal, esses livros foram capazes de me transformar e de alterar – e muito – a minha visão de mundo. Por isso, acredito que alguns deles podem ser surpreendentes para outros leitores.

Meu nome é Michaela, nasci em 1993, sou formada em Publicidade & Propaganda, trabalho como analista de Branding e no meu tempo livre também sou cantora e compositora. Inclusive, tenho músicas publicadas no Spotify *(se você quiser me seguir lá, fará alguém mais feliz no dia de hoje)*. A vontade de querer ser cantora se conecta com o primeiro livro que mudou minha vida: *Marcelo, Martelo, Marmelo*, de Ruth Rocha. Isso porque eu não queria ser igual aos outros. Esse não foi um dos primeiros livros que eu li, mas me lembro da minha mãe lendo para mim um exemplar que foi dela desde menina. Quando eu me conecto com essa leitura, tenho a sensação de que foi com ela que eu entendi o quanto eu gostava de ser única (meu nome sempre foi diferente de todos da escola, por exemplo) e o quanto era legal ser diferente.

Caso você não conheça, esse é um livro infantil com três contos sobre crianças que vivem em um espaço urbano e que resolvem seus impasses com esperteza e vivacidade. Dos personagens, Marcelo me marcou. Ele era curioso, ficava tentando entender o porquê das coisas, inventava as próprias palavras, era questionador e criativo. Essa leitura foi minha primeira transformação porque, em primeiro lugar, eu me identifiquei muito com a personalidade dinâmica do menino e depois, eu compreendi o valor da diferença. Acho que é uma ótima leitura para as crianças entenderem de forma simples sobre 'ser diferente'.

Outro traço importante da minha personalidade, que leva não para o segundo livro, mas para a série de livros que marcou minha vida, é o fato de eu ser romântica. Sempre tive uma visão muito 'cor de rosa' do mundo e gosto de assuntos relacionados ao coração. Foi assim que me apaixonei pela coleção *Diário da Princesa*. Parece besteira, mas esses romances foram fundamentais para que eu atravessasse minha infância e a minha adolescência.

Imagino que muitos de vocês conheçam essa série por conta do filme lançado pela Disney em 2001, porém o livro, como sempre, é bem mais intenso. A série não tem apenas dois, mas, sim, mais de dez volumes sobre a história de uma menina adolescente desajeitada que descobre sua origem em uma família real, ou seja, é uma princesa. O livro narra sua vida em forma de um diário, no qual ela conta sobre esse processo de descoberta, além de todos os seus dramas e conflitos adolescentes.

Por dois motivos, acredito que minha ligação com essa série foi determinante entre meus 7 e 12 anos de idade:

1) Lembro-me de ter sempre um volume comigo, aonde quer que eu fosse e, sempre que eu estava querendo 'escapar' da minha realidade, lá estava ela, Meg Cabot (autora), me contando sobre a vida da princesa Mia (personagem principal). Muitas vezes, esse escape me fez permanecer sã em meio ao caos que estava minha vida.

2) Inspirada na personagem principal, comecei a escrever diários, e isso talvez tenha sido a coisa mais transformadora que um livro fez por mim: eu aprendi a escrever sobre os meus sentimentos.

Assim como Mia, eu levava meu diário para todos os cantos. Isso também foi muito importante para a minha sanidade mental durante o período difícil que eu atravessei. Eu acho que eu comecei a escrever diários com uns 7 anos de idade e meus pais se separaram quando eu tinha 6, então, de verdade, foi algo essencial.

Eu levava o diário para a escola, às vezes escrevia durante as aulas – uma escolha não muito sábia, pois acabava irritando um tanto os professores –, no intervalo delas e à noite, antes de dormir... Houve períodos em que eram tantas coisas que estavam passando dentro de mim que eu ouso dizer que as palavras só jorravam... e se tornaram uma forma inconsciente de colocar para fora a minha enxurrada de sentimentos.

Além de os diários terem sido uma ferramenta importante de autoconheci-mento e acolhimento, foi por meio deles que eu comecei a nutrir uma paixão pela escrita. Dos diários, vieram meus primeiros poemas e, depois, nasceram minhas primeiras canções. Sendo assim, eu devo muito a Meg Cabot. Ela me proporcionou escapes maravilhosos por meio da vida da Mia; eu amava muito me preocupar com como a personagem ia lidar com o drama de ser uma princesa e de assumir um trono, por me mostrar a importância e o valor de um diário e, como consequência disso, ter nutrido em mim a paixão por escrever e alimentado ainda mais a minha veia romântica.

Até agora citei dois livros, nenhum deles acadêmico e nem culto. Mas você tem que concordar comigo que foram transformadores. Tudo depende da ótica. Existe aquele velho ditado: "não se pode julgar um livro pela capa". Neste caso, eu diria que 'não se pode julgar o livro pelo conteúdo'. Acho que este livro (este que você está lendo agora) prova que cada leitura e interpretação são muito particulares e que, surpreendentemente, livros infantis ou adolescentes, livros de ficção, espirituais ou holísticos podem ser tão transformadores quanto os mais acadêmicos e renomados.

Pela minha narrativa até agora e pelos livros que me marcaram, você já descobriu que sou curiosa, questionadora, romântica e que fiz boas horas de autoanálise em diários (e fiz bastante terapia também! Só para você não achar que meus pais foram irresponsáveis, fiz análise de verdade durante muito tempo). E foi assim que eu cheguei à seção de autoajuda. Primeiro, eu acho importante desmistificar essa seção. Se você não costuma buscar a seção de autoajuda na livraria, a primeira coisa que passa por sua cabeça é que ela está ali para atender a pessoas desesperadas, perdidas ou doidas. Caso essa imagem não tenha passado por sua cabeça, preciso dizer que foi uma das primeiras que passou pela minha.

Eu me lembro que cheguei até ela por causa de um livro que queria muito ler e pensava ser um romance, mas descobri que era um título de autoajuda. A autora se chama Isabela Freitas, uma escritora brasileira que, com certeza, assim como eu, leu Meg Cabot na infância, porque criou uma série de livros de romance sobre uma garota que tinha um *blog* anônimo (um diário on-line), que é descoberto pelos seus amigos da faculdade, e se torna uma grande escritora. Esse livro mudou minha vida porque, além de ter tirado meu preconceito em relação à seção de autoajuda, de fato, durante a história da personagem principal, ele dá vários conselhos e dicas, várias "ajudas" para quem tem questões ou problemas envolvendo o setor amoroso da vida e eu, infelizmente, me encaixo muito nesse perfil.

Frases como *"Você não pode deixar que o amor por alguém afete sua sanidade mental, muito menos abale seu amor-próprio"*[1] ou *"Trouxa por quê? Por que perdoo alguém que se arrependeu? Por que acredito no melhor das pessoas? Por que não consigo odiar uma pessoa sequer? Por que no meu coração sempre cabe mais um? Então sou trouxa sim. Com orgulho. Meus sentimentos estão sempre de bandeja, prontos para serem entregues"*[2], além de futuramente inspirarem músicas minhas, me incentivaram a mudar meu comportamento e a me sentir menos sozinha, pois via que eu não era a única que estava passando por aquelas desilusões.

Então, achei que estava inocentemente lendo um livro como passatempo, como uma distração para os meus problemas, quando, na verdade, aquela leitura me transformava internamente outra vez. Na mesma seção de autoajuda em que eu encontrei a série de romances, estão muitos livros que hoje são os meus preferidos. Eu até mudaria o nome da seção de autoajuda para "autoajuda e magia". Ou separaria alguns livros que estão categorizados como autoajuda em uma seção de "A verdade que o mundo não quer contar".

Brincadeiras à parte, esse meu lado curioso sempre me fez querer saber mais e questionar as coisas, tal qual o Marcelo, do *Marcelo, Martelo, Marmelo*. Eu nunca aceitei simplesmente que o céu é azul, por exemplo, porque é. Ou que uma pessoa nasce com duas pernas e a outra não, porque a vida é assim. E isso despertou em mim dois comportamentos: desenvolvi um olhar mais mágico sobre as situações e os acontecimentos; e, ao mesmo tempo, uma vontade de saber mais sobre o mundo e sobre coisas que não são ditas.

De início, essas novas posturas fizeram com que eu me interessasse por astrologia. Fui leitora assídua da revista *Capricho*, lia todos os horóscopos e guardo até hoje uma edição especial com o horóscopo de outros lugares do mundo, como o chinês, e vários rituais. Eu queria saber mais, entender melhor.

Com o passar dos anos, fui amadurecendo e buscando me espiritualizar. Nesse caminho, e muito por influência do meu pai, que já frequentava um centro espírita kardecista, descobri o espiritismo. Foi então que tudo começou a fazer

---

[1] FREITAS, Isabela. *Não se Iluda Não*. p. 105.
[2] Idem, p. 180.

sentido. A rotina de fazer terapia começou lá na infância, por conta da separação dos meus pais. Troquei algumas vezes de psicóloga e, com 18 anos, junto com essa iniciação ao espiritismo, embarquei na "Fenomenologia", uma linha de terapia mais 'aberta', que estuda os fenômenos. E foi minha terapeuta, a Else, que me apresentou o quarto livro que mudou minha vida: *Não temas o mal,* outro integrante a da seção de autoajuda.

Esse título de Eva Pierrakos fala sobre autoconhecimento, sobre as máscaras que criamos para enfrentar nossas vidas, sobre como idealizamos muitas das situações, ao invés de simplesmente esperarmos para vivenciá-las, entre outras coisas que me fizeram, pela primeira vez, estudar sobre psicologia e, consequentemente, me estudar e analisar. Confesso que tive que reler várias páginas, porque, além de ser sobre um assunto complexo, o livro não é de leitura fácil. A autora, nascida na Áustria, filha de um famoso escritor que conviveu com Hermann Hesse, Thomas Mann e Rudolf Steiner, é médium e fundadora do método de autoconhecimento Pathwork. Minha terapeuta, que me recomendou o livro como "lição de casa", me pedia para lê-lo pausadamente para que eu pudesse ir aos poucos assimilando e refletindo sobre os temas apresentados. Ainda que o livro tenha aberto minha mente e me ensinado muitas coisas, acho que uma das mais marcantes foi que não existe alguém 'do bem' ou alguém 'do mal', algo que a gente vê muito em contos de fadas. Como uma boa fã de Disney, eu sempre fui muito guiada pelo mocinho e pelo vilão, mas a escrita de Eva foi capaz de quebrar essa lógica para mim. A narrativa me fez entender que todos nós temos uma parcela de bondade e uma de maldade e que, ao longo das nossas vidas, das nossas escolhas, oportunidades, vivências, nós escolhemos ou, às vezes, escolhem por nós, qual será alimentado – nosso lado bom ou nosso lado ruim. E que, mesmo aqueles que hoje enxergamos como pessoas ruins, têm uma história, um contexto, algo que os transformou.

O último livro que, de fato, causou uma grande transformação em mim, talvez seja o mais surpreendente de todos. Porém, antes de falar da obra em si, é importante contar como ela se apresentou para mim. Diferente dos outros que citei, que poderiam ser facilmente encontrados em uma livraria ou em uma biblioteca, tive que buscar esse on-line e não achei muitas versões. Como o conheci? Primeiro, tive que entrar em um universo holístico e espiritual, e isso eu devo a uma mulher chamada Márcia Bello.

Eu já tinha, como contei, feito cursos no centro espírita, lido sobre astrologia, experimentado terapias de cura, mas foi um retiro chamado *Detox* da Identidade, com a Marcinha (apelido de Márcia Bello), que me transformou e me levou para esse livro. No retiro, vivenciei um ritual de *ho'oponopono* (ritual havaiano de perdão), aprendi sobre chacras e florais, fiz mandalas energéticas e conheci um mundo novo que tinha uma explicação diferente para tudo. Para ter uma ideia, eles explicaram como o mundo foi criado de um jeito diferente e eu saí de lá acreditando que talvez fosse possível a existência de unicórnios. Dito isso, saí desse retiro com uma sede de conhecimento diferente de todas que experienciei antes. Como nunca aceitei muito bem que o mundo era assim porque "sim", quando me apresentaram esse novo universo, que incluía seres extraterrestres e tantas outras coisas que para muitos são mera fantasia, minha mente se expandiu de uma maneira que eu não sei explicar.

Nesse caminho, encontrei o livro *O Segredo da Flor da Vida – Volume I e II*, de Drunvalo Melchizedek. Eu nem sei explicar muito bem o que é esse livro, de tão surreal que ele é para mim. Drunvalo é um pesquisador esotérico, que estudou Física e Letras, mas dedicou a maior parte de sua vida a estudar crenças e sistemas religiosos e, por meio desses estudos, desenvolveu um curso chamado Flor da Vida e a meditação Mer-ka-ba. A Flor da Vida, segundo Drunvalo, é o padrão da criação – a estrutura geométrica pela qual entramos e saímos da existência física. No livro, ele conta sobre os mistérios da criação do universo e do homem, por que o mundo é como o conhecemos hoje, sobre as energias sutis e como funciona a geometria sagrada. É um livro que, diferentemente dos outros, você só consegue compreender de forma verdadeira após um processo de despertar.

De todo modo, o que mais me marcou nele foram as analogias que Drunvalo faz com episódios da Bíblia, com histórias famosas ou não desse universo mais "holístico". Ele diz que a história de Adão e Eva, na verdade, é sobre a união de dois povos: os Marcianos (Adão) e os Lemurianos (Eva). Os Marcianos com uma energia mais masculina e racional, enquanto os Lemurianos com uma energia mais feminina e criativa. Ele também compara a Arca de Noé com o mito de Atlântida. Apesar de acreditar em Jesus, nunca segui de fato as histórias da Bíblia e, ao ler este livro, elas parecem fazer mais sentido.

Nesta busca por saber mais sobre mim e sobre o mundo à minha volta, foi com esses livros que eu aprendi o quanto era importante acreditar em mim e seguir minha intuição. Eles mudaram, moldaram e reafirmaram meu jeito de ser e de ver o mundo.

Seja em romances, publicações de autoajuda ou tratados sobre a espiritualidade, os livros nos transformam porque nos deixamos transformar por eles, porque nós nos abrimos. Porque nos permitimos. Então, encerro fazendo um convite: você já visitou a seção de autoajuda? Será que já se permitiu acreditar em algo mais? Liberte-se dos preconceitos e busque prateleiras diferentes do seu gosto habitual. Quem sabe a melhor surpresa não esteja ao alcance da mão, na próxima estante ou naquelas pilhas expostas na livraria, no título que mais capturar sua atenção? Livros podem ser ótimas ferramentas de autoconhecimento e qualquer um, de qualquer estilo, pode ser capaz de nos gerar uma transformação. Basta estarmos atentos e despertos.

Livros citados

CABOT, Meg. *Série Diário da Princesa*. Rio de Janeiro: Galera, 2002.

FREITAS, Isabela. *Não se Iluda Não*. Rio de Janeiro: Intrínseca, 2015.

MELCHIZEDEK, Drunvalo. *O Segredo da Flor da Vida – Volume I e II*. São Paulo: Pensamento, 2009.

PIERRAKOS, Eva. *Não temas o mal*. São Paulo: Cultrix, 1995.

ROCHA, Ruth. *Marcelo, Martelo, Marmelo*. São Paulo: Salamandra, 1999.

O estranho familiar em Clarice

Por Patricia Valério

Meu primeiro contato com a obra de Clarice Lispector foi por volta dos meus 15 ou 16 anos, por conta de alguma leitura obrigatória para o vestibular, na época. Diferentemente de tantos outros autores que fizeram parte do meu currículo escolar, Clarice não me deixou passar ilesa a ela. Dizem que sua escrita é um verdadeiro soco no estômago. Um soco daqueles que nos salvam, talvez? Ao menos para mim, foi.

Com uma ilusória facilidade, seus textos carregam, nas entrelinhas, algo de muito profundo e enigmático. São histórias em que as personagens, quase sempre femininas, vivenciam uma experiência radical de estranhamento e transformação. Deparam-se com o que há de mais estranho em si mesmas, no mundo, na vida, e, a partir daí, algo não pode mais ser como antes. Por meio dessas personagens, a escrita de Clarice também nos convida a acessar o que há de estranho em nós mesmos. E por isso é tão difícil passar incólume à sua obra.

O conto que escolhi para falar dessa autora, "Amor", faz parte da coletânea *Laços de Família*, publicada em 1960. A história se passa no Rio de Janeiro e a personagem central é Ana, uma dona de casa que estava sentada no bonde com uma sacola de tricô no colo, cheia de compras. Tomando seu rumo para casa, ela ia pensando na vida, com alguma satisfação. Tinha um bom marido, seus filhos também eram bons. Viviam num apartamento que eles ainda estavam pagando, aos poucos, e a cozinha era espaçosa. Ela se orgulhava de cada detalhe, na casa ou nas roupas dos meninos, de que ela se ocupava.

> *No fundo, Ana sempre tivera a necessidade de sentir a raiz firme das coisas. E isso um lar perplexamente lhe dera. Por caminhos tortos, viera a cair num destino de mulher, com a surpresa de nele caber como se o tivesse inventado. O homem com quem casara era um homem verdadeiro, os filhos que tivera eram filhos verdadeiros. Sua juventude anterior parecia-lhe estranha como uma doença de vida. Dela havia aos poucos emergido para descobrir que também sem a felicidade se vivia: abolindo-a, encontrara uma legião de pessoas, antes invisíveis, que viviam como quem trabalha – com persistência, continuidade e alegria. O que sucedera a Ana antes de ter o lar estava para sempre fora de seu alcance: uma exaltação perturbada que tantas vezes se confundira com felicidade insuportável. Criara em troca algo enfim compreensível, uma vida de adulto. Assim ela o quisera e escolhera.[1]*

---

[1] LISPECTOR, Clarice. *Laços de Família.* p. 20.

Na viagem de bonde para casa, Ana parecia se convencer de que a vida de "família Doriana" que ela criou para si podia defendê-la dela própria e de tudo que, um dia, num passado longínquo, ela havia desejado para si. Havia apenas uma hora do dia que era um "momento perigoso". O cair da tarde, quando a casa já estava limpa e os meninos ainda não haviam voltado do colégio. Quando nada nem ninguém precisava dela, ela se inquietava. No vazio daquele instante, quase se lembrava de que aquela suposta perfeição não lhe bastava. Mas logo encontrava algum objeto para consertar, compras a serem feitas e, assim, os dias se sucediam.

Naquela tarde, porém, algo de estranho se passou. De dentro do bonde, ela viu um homem parado no ponto. Ele mascava chicletes e suas mãos permaneciam avançadas, à frente do corpo. Era um cego. Ele parecia sorrir, enquanto olhava para a escuridão.

Algo inexplicável a perturbou profundamente naquela cena. O bonde arrancou de repente, ela deu um berro e deixou cair a bolsa de compras no chão. Os ovos se quebraram e se esparramaram. No fundo, era algo dentro dela que se quebrara, ao ver aquele cego mascando chicletes.

> *O bonde se sacudia nos trilhos e o cego mascando goma ficara atrás para sempre. Mas o mal estava feito (...) E como uma estranha música, o mundo recomeçava ao redor. (...) Ela apaziguara tão bem a vida, cuidara tanto para que não explodisse. Mantinha tudo em serena compreensão, separava uma pessoa das outras, as roupas eram claramente feitas para serem usadas e podia-se escolher pelo jornal o filme da noite – tudo feito de modo a que um dia se seguisse ao outro. E um cego mascando goma despedaçava tudo isso. E através da piedade aparecia a Ana uma vida cheia de náusea doce, até a boca.[2]*

Ana perdeu o ponto de descida, acabou indo parar no Jardim Botânico e ali permaneceu, tomada pela experiência de estranhamento e epifania que tanto marca a obra de Clarice. Olhar para aquele homem parece ter feito Ana olhar para si mesma e para a própria vida sob um novo ângulo. Que vida era aquela que ela construíra, em torno de uma fantasia de segurança? Quem seria o cego,

---

[2] Idem, p. 22-23.

de fato? Aquele homem no ponto ou ela própria, com tudo que ela decidira não enxergar ao seu redor?

A partir da escuridão do cego, Ana percebia que nada era tão seguro como ela imaginava. Aquela experiência a fizera entrar em contato com a vulnerabilidade da vida, de si própria, da natureza no Jardim Botânico, dos filhos, da ordem familiar que ela criara. Ela se dá conta do profundo desamparo que acompanha cada um de nós e que traz à tona o que Winnicott chamou de "ansiedades inimagináveis"[3], um medo enorme de desintegração.

Por outro lado, essa experiência a transforma profundamente. Ela volta para casa e abraça o filho.

> *Apertou-o com força, com espanto. Protegia-se trêmula. Porque a vida era periclitante. Ela amava o mundo, amava o que fora criado – amava com nojo. Do mesmo modo como sempre fora fascinada pelas ostras, com aquele vago sentimento de asco que a aproximação da verdade lhe provocava.[4]*

Ana toma consciência de que o desconhecido – dentro e fora dela – fascina, ao mesmo tempo em que provoca repulsa, nojo, medo, assim como as ostras. *"O que faria se seguisse o chamado do cego?"*, ela se pergunta. *"Iria sozinha... Havia lugares pobres e ricos que precisavam dela. Ela precisava deles... Tenho medo"*[5]. O cego convida Ana para um grande mergulho no desconhecido. Para que ela olhe para tudo à sua volta como alguém que enxerga pela primeira vez. E para reconhecer o que há de mais rico e mais pobre, mais bonito e mais podre, em cada detalhe da vida.

Esse convite que o cego faz a Ana me fez lembrar de Laura Brown, personagem do filme *As Horas*[6], interpretada por Julianne Moore. Laura é uma dona de casa dos anos 1950 que representa o ideal de felicidade para sua época. A felicidade que Laura podia ter, no entanto, era muito parecida com a de Ana antes do encontro com o cego. E Laura decide mergulhar no desconhecido da vida, deixando o marido e o filho para trás. Ela abre mão de sua vida supostamente feliz para viver na sombra, sem deixar de carregar a culpa pela infelicidade do próprio filho.

---

[3] WINNICOTT, Donald W. *Bebês e suas mães*. p. 27.
[4e5] LISPECTOR, Clarice. *Laços de Família*. p. 26.
[6] *As Horas*. Direção: Daldry, Stephen. Produção: Rudin, Scott e Fox, Robert. Estados Unidos e Reino Unido: 2002.

Ao final da história, em uma conversa com Clarissa, personagem interpretada por Meryl Streep, Laura diz:

> *O que significa se arrepender quando você não tem escolha? É o que você pode suportar. É isso. Ninguém vai me perdoar. Para mim, aquilo era a morte. Eu escolhi a vida.*[7]

Laura abre mão de uma forma muito específica de felicidade à qual tinha direito, que para ela era a morte, em nome da vida em sua forma mais absoluta, ainda que seja um "inferno doce", nas palavras de Clarice. Mas, ainda assim, é a vida.

Em certo ponto do conto, Ana parece temer que o chamado do cego a fizesse tomar uma decisão radical, como a de Laura em *As Horas*. *"Não deixe mamãe te esquecer"*[8], ela pede ao filho ao voltar do Jardim Botânico. A verdade é que o encontro com aquele homem no ponto faz seu coração se encher da *"pior vontade de viver"*[9]. Diferentemente de Laura, porém, Ana parece, ao fim do conto, buscar encontrar outras saídas possíveis para o convite que recebeu da vida. Ela deixa-se levar pela mão do marido, que a afasta, por fim, do *"perigo de viver"*[10].

"Amor" é apenas um de tantos contos e histórias que me atravessaram profundamente na obra de Clarice Lispector. E são dois aspectos que tornam essa autora tão especial na minha trajetória.

O primeiro deles é o quanto ela me fez pensar, desde menina, sobre o lugar da mulher na sociedade, sobre dores particularmente femininas. A maior parte das personagens de Clarice são mulheres. Em diferentes textos seus, ela retrata a esposa, a mãe, a dona de casa, a jovem retirante solitária. Todas mulheres que, em diversos contextos, têm suas possibilidades de vida reduzidas. Sofrem e, muitas vezes, nem se dão conta disso, ou nem sabem bem por quê.

---

[7] Texto original: *What does it mean to regret when you have no choice? It is what you can bear. There it is. No one is going to forgive me. It was death. I chose life.* (Tradução da autora)

[8] LISPECTOR, Clarice. *Laços de Família*. p. 26.

[9] Idem, p. 27.

[10] Idem, p. 29.

Na minha adolescência, o feminismo não era um tema debatido. É curioso pensar quanta coisa mudou em 25 anos. Questões que talvez sejam óbvias para uma garota de 15 anos hoje não foram para a minha geração. Quando menina, eu sentia um certo mal-estar em relação à posição que via as mulheres à minha volta ocuparem, às concessões que eu as via fazer, aos sonhos que elas não puderam sonhar e à maneira como aceitavam tudo isso com um sorriso no rosto. Mas esse mal-estar que eu sentia não tinha nome nem muito espaço para existir. Não fazia parte das minhas conversas entre amigas, nem do que a gente aprendia lendo a revista *Capricho*. Que loucura pensar que estávamos vendo a internet nascer enquanto a terceira onda do feminismo, ainda a passos lentos, ganhava corpo.

Nesse contexto, ser uma menina que se questionava sobre o que significava ser mulher foi, para mim, bastante solitário. E Clarice talvez tenha sido minha primeira companhia. Nos livros dela, eu encontrei mulheres que também se deparavam com o mal-estar do lugar que ocupavam. Que de repente estranhavam a si mesmas e o papel que desempenhavam. Clarice foi minha porta de entrada no entendimento das dores femininas.

Aos 26 anos, ingressei num programa de pós-graduação sobre questões de gênero e sexualidade de uma universidade em Londres. Nunca tive clareza sobre o que faria profissionalmente a partir de um curso em que eu mergulhei nos estudos feministas, *queer* e pós-coloniais. Hoje, percebo que, no fundo, esse curso foi meu jeito de atender ao chamado do cego. O caminho que encontrei para descobrir novas companhias para o meu mal-estar, para além das personagens de Clarice. De lá para cá, o feminismo se popularizou, a internet levantou inúmeros debates fundamentais, muitas dores puderam ser mais facilmente nomeadas para as mulheres. Ana e todas nós temos hoje novos caminhos e acordos possíveis. Que bom.

O segundo aspecto que colocou Clarice na minha mesa de cabeceira foi a sensação de estranhamento que percorre toda a sua obra. Assim como Ana estranha o cego mascando chicletes e, a partir daquela visão, vive toda uma experiência que a faz enxergar a vida com um novo olhar, todas as personagens da autora, em algum momento, estranham algo que até então era familiar. Muitas vezes, esse algo está dentro delas mesmas.

Para a Psicanálise, o **estranho familiar** é um conceito bastante caro, justamente por se tratar dos conteúdos que fazem parte do nosso inconsciente. *Das Unheimliche*, para usar o termo original freudiano, intitula um texto publicado por Freud em 1919[11] e que já foi traduzido de diferentes maneiras para o português. "O estranho", "O inquietante" e, mais recentemente, "O infamiliar".

O conceito se refere a algo que não é exatamente desconhecido, mas familiar e estranho ao mesmo tempo. Familiar por remontar a algo que faz parte de nós mesmos e de nossos impulsos mais primitivos. E estranho por serem conteúdos recalcados e que, portanto, não são facilmente reconhecidos como nossos. Justamente por isso, o estranho familiar dispara uma sensação de confusão, angústia ou até terror. Exatamente como acontece com Ana ao ver o cego no ponto do bonde.

A leitura de Clarice talvez tenha plantado a primeira semente que, um dia, faria brotar dentro de mim o desejo de psicanalisar. O que é ser psicanalista senão abraçar, todos os dias, o estrangeiro em si mesmo e em cada um que deita em nosso divã? A personagem Ana fala do medo e do fascínio que o desconhecido lhe provocava. Ser psicanalista é abraçar o fascínio pelo que é estranho. É também nunca deixar de estranhar o familiar, é buscar o desconhecido no conhecido. É responder ao chamado do cego todos os dias. É olhar para o mundo, para o outro e para si mesmo como quem olha pela primeira vez. E querer conhecer cada pedacinho desse estranho familiar. Obrigada, Clarice, por apresentar o caminho que me traria até aqui.

Livros citados

FREUD, Sigmund. O Inquietante. *In: Obras Completas*. Volume 14. São Paulo: Companhia das Letras, 2010.
LISPECTOR, Clarice. *Laços de Família*. Rio de Janeiro: Rocco, 1998.
WINNICOTT, Donald W. *Bebês e suas mães*. São Paulo: Ubu, 2020.

---

[11] FREUD, S. *O Inquietante*.

A nossa voz do Oriente

Por Robson Viturino

O outono mal tinha começado.

A noite era agradável, fresca e promissora.

Foi a primeira vez que eu saí de casa para um evento em uma livraria desde o início da pandemia. Livre, sem máscara. Uma liberdade estranha, constrangedora, mas ainda assim liberdade. Um grupo de editores e artistas mineiros, capitaneados pela escritora Maria Esther Maciel, estava em São Paulo para o lançamento do terceiro número da *Olympio*, revista de literatura e artes, um primor em todos os aspectos. Logo ao chegar à Livraria da Travessa da Rua dos Pinheiros, tive mais um daqueles momentos de alegria contida. Os encontros em torno da literatura finalmente voltavam a ser possíveis. E, naquela noite, isso acontecia na presença de um dos nossos mestres.

Adiada por causa da pandemia, a terceira edição da *Olympio* trouxe uma entrevista de trinta e três páginas com o romancista manauara Milton Hatoum. E ele estava logo ali, na calçada, papeando com os editores da revista e, a seguir, com Michel Sleiman, escritor, professor e tradutor de literatura árabe, que o autor de *Dois irmãos* apresentava a todos com entusiasmo. A cabeleira, agora toda branca, provavelmente tinha sido cortada na véspera, não era a mesma das fotos inspiradas de Ana Paula Paiva para o ensaio que acompanhava a entrevista. A voz profunda de *slow talker*, uma atenção e um cuidado com as palavras e os interlocutores que pertencem a outro tempo.

Comecei a ler Milton Hatoum aos vinte anos e nunca mais pude parar. *Dois irmãos*, seu segundo romance (publicado onze anos após o sucesso da estreia, *Relato de um certo Oriente)*, é a obra que, para a maior parte dos escritores de ficção, será inalcançável a vida toda. Para um jovem paulistano de família pernambucana que triscara na poesia e escrevia os primeiros contos, tinha algo de irresistível. Ali estava um herdeiro do realismo clássico com as marcas do modernismo e um profundo conhecimento do Brasil. Hatoum é de Manaus, de onde extrai o universo mítico e mundano dos seus enredos e personagens, mas também morou em São Paulo, Brasília, Paris e Barcelona.

Passados 22 anos da publicação de *Dois irmãos,* o livro permanece como a obra mais lida e celebrada do escritor. Nela encontramos, em potência máxima, o apuro com a linguagem, imagens marcantes, personagens complexos e embebidos na cultura clânica do Líbano, a exuberância e a tragédia da Amazônia, a atmosfera incestuosa e os conflitos que remetem a destinos nacionais que nunca se cumprem — representados nos personagens centrais do romance, os irmãos gêmeos Omar e Yaqub. Existe, ainda, uma tensão que vem do que ele chama de "equilíbrio entre fatores internos e externos", ou seja, entre a ação e o psicológico. *O equilíbrio entre fatores externos – que podem ser históricos, circunstanciais ou referenciais –, e o psicológico, o interno*[1], explica Hatoum.

A franca deterioração de uma cidade com um passado cheio de promessas encontra o seu equivalente do plano subjetivo na degradação moral dos personagens. Ao falar dos pretendentes de Rânia, irmã dos gêmeos, o narrador diz:

> *Talvez Rânia quisesse pegar um daqueles pamonhas e dizer-lhe: Observa meu irmão Omar; agora olha bem para a fotografia do meu querido Yaqub. Mistura os dois, e da mistura sairá o meu noivo.*[2]

As ilusões do progresso e da civilização, um dos grandes temas da literatura, têm em Hatoum um prosador capaz de explorar como poucos as contradições do país que, como diz o crítico literário Roberto Schwarz, tornou-se uma espécie de "vanguarda" das periferias do capitalismo, numa permanente espiral entre a "rabeira do desenvolvimento" e o "país do futuro".

Enquanto isso, o progresso consome tudo pelo caminho — a floresta, os rios e os sonhos de uma cidade — e surgem as ruínas de precariedade que fazem a modorra cotidiana de Manaus. Em um vislumbre entre o passado e o presente, Halim e Zana, pai e mãe dos gêmeos, assistem a esse estado de coisas ao mesmo tempo em que um novo ímpeto de grandeza assalta o país.

> *Halim nunca quis ter mais que o necessário para comer, e comer bem. Não se azucrinava com as goteiras nem com os morcegos que, aninhados no forro, sob as telhas quebradas, faziam voos rasantes nas muitas noites sem luz. Noites de blecaute no norte, enquanto a capital do país estava sendo inaugurada. A euforia, que vinha de um Brasil tão distante, chegava a Manaus como um sopro amornado. E o futuro, ou a ideia de um futuro promissor, dissolvia-se no mormaço amazônico. Estávamos longe da era industrial e mais longe ainda do nosso passado grandioso. Zana, que na juventude apro-*

---

[1] *Revista Olympio*, nº 3, 2020/2021.
[2] HATOUM, Milton. *Dois irmãos*. p. 73.

*veitara resquícios desse passado, agora se irritava com a geladeira a quero-
sene, com o fogareiro, com o jipe mais velho de Manaus, que circulava aos
sacolejos e fumegava.*[3]

A penúltima vez que eu tinha visto Hatoum fora na véspera das eleições de
2018, em um encontro na livraria Tapera Taperá, na Galeria Metrópole, no
Centro de São Paulo. A reunião ocorrera após a assinatura de um manifesto
de escritores, editores e profissionais do livro a favor da democracia e, naturalmente, contra Jair Bolsonaro. Ele falou ao lado do romancista Julián Fuks
sobre o horror daqueles dias e da perspectiva terrorífica para os próximos
quatro anos. Embora resistíssemos e até mesmo negássemos a ideia de um
Brasil governado por alguém tão tacanho e despreparado, não era possível
ver nenhuma saída no horizonte próximo. Mesmo assim, escutar Hatoum
foi essencial.

Ali estava mais uma vez a sua mistura de humanismo e consciência histórica
com amor pelas palavras. Falou com a serenidade de sempre, buscando manter
qualquer coisa que nos escapava sobre o presente e o futuro. Não havia estoi-
cismo nem resignação, tampouco ilusões. Talvez fosse a defesa de princípios
inegociáveis para alguém de sua geração, aquela que eu admirei desde cedo
por sua capacidade de criar o belo ao mesmo tempo em que desvelava o que
a realidade tem de feio, hostil e indiferente. Tudo isso estava nos seus livros e,
diante da urgência do tempo que vivíamos e ainda vivemos, nas suas aparições
públicas. Por isso sempre me emociono ao escutá-lo.

Mas sua voz como artista traz muito mais que uma força moral. Hatoum é um
caso ímpar de um romancista que, depois de atingir grande sucesso, demora
anos, às vezes mais de uma década, para publicar o livro seguinte. Sua barra
está lá no alto, e pouco importa que nós, leitores, estejamos ansiosos pelo seu
próximo trabalho. Ele não tem pressa e, para espanto de um mundo em permanente aceleração, nos diz isso sem rodeios e com um sorriso matreiro no rosto.
Seu tempo, assim como sua voz, parecem não pertencer à São Paulo de 2022.
Há algo "fora do tempo", ou talvez "fora do lugar", já que muito de seu olhar
e da sua voz traz marcas profundas do Oriente Médio.

---

[3] Idem, p. 96.

Há alguns anos estou envolvido em um livro de não ficção cujos personagens nasceram na Síria e no Líbano. Não lembro exatamente quando comecei a me interessar por essa parte do mundo, mas sem dúvida isso passou pelo universo árabe que descobri nos livros de Hatoum. Mais que isso: ele foi o autor que numa entrevista virou o meu mapa de referências afetivas e históricas do avesso ao dizer que era uma fantasia enxergarmos no Brasil um herdeiro do Ocidente. Pensando nas nossas origens ameríndias, africanas e ibéricas, por que deveríamos ressaltar o fator geográfico ao apontar a região do mundo à qual pertencemos? Jamais parei de pensar nisso.

Por fim, sinto que até mesmo certas correntes da literatura têm desmerecido o que há de potencial nas dúvidas e incertezas. Em nome da defesa de algum valor ou ideal, desfaz-se desse campo não semeado e aberto ao exercício especulativo que, ao menos no universo da imaginação, deveria ser parte fundamental do ato de criar. Mais uma vez, Hatoum nos traz a lembrança do bom combate. *"O território da literatura é de ambiguidades, de contradições humanas, e ele não deve ser assertivo e nem deve responder às perguntas. São as perguntas que devem ficar, vamos dizer, nas entrelinhas"*[4], afirma o escritor.

Livros citados
HATOUM, Milton. *Dois irmãos*. São Paulo: Companhia das Letras, 2006.
HATOUM, Milton. *Relato de um certo Oriente*. São Paulo: Companhia das Letras, 1989.

---

[4] *Revista Olympio*, nº 3, 2020/2021.

Nunca nada mais foi a mesma coisa

Por Sérgio Guardado

Los rumores de la plaza quedan atrás y entro en la Biblioteca. De una manera casi física siento la gravitación de los libros, el ámbito sereno de un orden, el tiempo disecado y conservado mágicamente.[1]

Mis Obras Completas, ahora, reúnen la labor de medio siglo. No sé qué mérito tendrán, pero me place comprobar la variedad de temas que abarcan. La patria, los azares de los mayores, las literaturas que honran la lengua de los hombres, las filosofías que he tratado de penetrar, los atardeceres, los ocios, las desgarradas orillas de mi ciudad, mi ciudad, mi extraña vida cuya posible justificación está en estas páginas, los sueños olvidados y recuperados, el tiempo... La prosa convive con el verso; acaso para la imaginación ambas son iguales.[2]

Nenhuma coisa nunca mais foi a mesma coisa.[3] Desde aquele dia, quando li um conto do cara. Mas a coisa começou muito antes. Antes da coisa propriamente dita.

Vou falar de Jorge Luis Borges. Mas antes me permitam uma fugaz viagem ao redor do próprio umbigo biográfico. *Inútil y despreciable vanidad*, diria o bruxo. Mas vou insistir, para que vocês vejam que a semente do mestre pode florescer até em solos improváveis.

Comecei a gostar de livros muito antes de aprender a ler.

Tudo culpa da Dona Zizi, minha mãe, que à noite lia histórias pra mim e pra Yara, minha irmã caçula. Conheci o Reino das Águas Claras, das *Reinações de Narizinho*, através da voz de minha mãe. (Na verdade, a coleção completa do Lobato, incluindo as bocejantes histórias adultas, foi presente de minha avó quando eu ainda estava na barriga materna).

Note que já de cara eu aprendi a achar normal uma menina que casa com um peixe.

---

[1] BORGES, Jorge Luis, *Obras Completas*, volumen II, contracapa.

[2] BORGES, Jorge Luis, *Obras Completas*, volumen I, contracapa.

[3] O estilo coloquial de escrita do autor foi mantido, a seu pedido, o que algumas vezes significou ignorar as regras gramaticais e/ou ortográficas.

E conheci o folclore escandinavo, lendas mouras da Alhambra e histórias da China, que vinham pela coleção Alvorada da Vida. E o apavorante *Norte contra Sul,* de Júlio Verne. E as obsessões numéricas do francês: as 20.000 léguas submarinas, a volta ao mundo em 80 dias e as 5 semanas em um balão. E, claro, as histórias da Grécia clássica com o viés acaipirado do Sítio do Pica Pau, muito antes do Freud e da Nike me fazerem cair na real.

Sem esquecer Tom Sawyer e Huckleberry Finn (que pronunciávamos U-que-le--bérri, o 'lê' orgulhosamente enfatizado). Uma confissão, já que estamos entre amigos: me apaixonei por Becky (a namoradinha do Tom), morri de medo do índio Joe, sonhei com as tortas de maçã da Tia Polly, imaginei pescarias e bagunças com Tom e Huck e... jamais li uma linha de Mark Twain na vida. Tudo culpa da Zizi.

Meus pais trabalhavam fora e minha vida se dividia entre o jardim da infância no Caetano de Campos da Praça da República, brincadeiras no Largo do Arouche e tardes no apartamento de minha avó Elisa, que ficava a 50 metros do nosso.

Vó Elisa era professora e em sua casa alfabetizava um monte de crianças, entre as quais este então pequerrucho. Ela também tem culpa no cartório. Quando entrei no primário, a professora, Dona Isabel, perguntou quem já sabia ler e/ ou escrever. Eu levantei a mão, todo pimpão. Mais de metade da classe levantou também. Muitas avós-professoras, acho.

Já no ginásio, minhas tardes eram um regalo. Meus pais no trabalho, minha irmã na escola (numa duvidosa tentativa de separar hormônios que se atraem, o Caetano punha meninos de manhã e meninas à tarde). Meu acordo era estudar até as 5 e depois brincar com os amigos do prédio e da escola. Ninguém 'descia pro *play*' porque *play* não havia. A gente ia brincar de esconde-esconde no sótão do prédio, chutar bola no Arouche ou arrumar encrenca com a temível turma da São João.

***

Era um tempo de mudanças. Meu amigo do peito José Miguel Simone uma vez sintetizou minha primeira adolescência: 'felicidade pro Sérgio é deitar numa rede ouvindo Beatles, chupando mexerica e lendo um gibi sobre Segunda Guerra".

Sábio Zé Migué. Eu tinha me viciado em Segunda Guerra por causa da série *Combat!* que passava na Record às 10 da noite das terças-feiras, com Vic Morrow (e ocasional direção do Altman). Eu e minha mãe assistíamos encantados aquela matação cenográfica de nossos antepassados alemães *fake*. Já para o Bat Masterson, que era pegador e passava às sextas, eu tinha acesso restrito, porque era 'picante'.

Eu nunca precisei (ou gostei de) estudar muito. Fazia lição de casa rapidinho, e daí sobrava um tempo enorme para atacar a biblioteca de meus pais. Li *O Tempo e o Vento,* do Érico, em uma tacada (era assim que se maratonava séries *in illo tempore*). E depois as Agatha Christie que meu pai amava, e os primeiros policiais mais água-com-açúcar, tipo Arsene Lupin, Sherlock (e o medão do Cão dos Baskervilles?) e o detetive Maigret de Simenon. E – mais uma revelação – confesso que fiquei bem loucão com a Pombinha de *A Carne,* de Júlio Ribeiro.

Os livros rivalizavam com meu violão Del Vecchio, que ganhei aos 12, depois de uma fracassada tentativa de aprender piano no Conservatório Osvaldo Cruz. Na nova viola, Iê-iê-iê local e Beatles mal tocado e piormente cantado, eu esganiçava 'ti-ló-tiu iê, iê, iê', torturando *She Loves You*. "Quero que vá tudo pro inferno" saía melhorzinho.

Com o tempo, tudo foi convergindo. Em 68 entrei no Científico, e o que foi o verão do amor pros gringos, para nós foi uma mistura de *hippie*, resistência à ditadura e descoberta deslumbrada. Veio tudo junto. Canção de protesto, psicodelismo, cabelão, largação *hippie*, o primeiro beijo, o primeiro baseado, esoterismo, woodstock, passeata dos num-sei-quanto-mil. Aulas de português com a Vilvanita (que depois foi presa), aprender a amar os modernistas, Oswald, Mário-Macunaíma, Fernando Pessoa e muito Caetano (o Veloso, não o de Campos). Dzi Croquetes, cinema *underground* no Bijou, Teatro Oficina, *nouvelle vague* (não entendia muito), Malcolm McDowell, falsificar carteirinha, tudo junto com Bob Dylan, Stones, The Who-My Generation-Tommy, Steppenwolf-Born to be wild... E apareceram os detetives *hard boiled,* Sam Spade, Philip Marlowe, Lew Archer...

Era uma misturada fascinante, uma descoberta a cada esquina, tudo junto parecendo fazer parte de uma onda avassaladora. Bom, na época parecia.

Em 1971 veio o cursinho Equipe, e daí a coisa desandou. Eu discutia política, tocava baixo em banda, estudava desenho, fazia parte da trupe de teatro do Tuca, arriscava poemas e composições. Tudo à la Rui Barbosa que, segundo seus detratores, falava incontáveis idiomas, todos eles igualmente mal.

Eu vivia esse bololô de informação, que incluía o *Jornalivro* e a revista *Bondinho*, Luís Carlos Maciel e Mautner, Herman Hesse (nunca curti, mas tava na moda), Nostradamus, macrobiótica e outras ingestões menos autorizadas. E mais Zappa, King Crimson, Gil e Caetano em Londres... Tudo indica que na Era de Aquarius o sertão ia virar mar e o mar virar sertão. Como eu disse, parecia que ia dar bom.

Foi quando três amigos queridos, Gabriel Priolli, Soninha Vaz e Denise Bottmann me apresentaram os latino-americanos e a literatura fantástica (ou realismo mágico, tinha vários nomes). García Márquez, Cortázar, Cabrera Infante, Alejo Carpentier, Vargas Llosa (aquele Nobel bipolar), Miguel Ángel Asturias, Octavio Paz (esse, um semideus) ... e então, é claro, trombei com Jorge Luis Borges.

E nada nunca mais foi a mesma coisa.

***

Só pra entender. No início dos anos 70 o Brasil vivia uma ditadura tosca e, até por isso, uma produção cultural intensa, procurando o ar que faltava pra quem tivesse mais de dois neurônios. É uma época de discos antológicos de MPB, teatro pujante. A literatura da hora era o realismo fantástico latino-americano. Fui fazer Letras Neolatinas (espanhol) na USP.

A presença da ditadura acentuava diferenças. Quem era de esquerda ou quem era 'maluco' se opunha a quem era 'careta'. Formas irreconciliáveis, na universidade e em nossos acampamentos na Barra do Una. Tudo eram certezas, convicções. Se bem que também tinha uma esquerda muito careta, o que complicava um pouco.

Eu vivia um embate entre o que na época se chamou "herói de dentro e herói de fora". Herói de dentro era quem queria mudar o sistema, tipo Che Guevara, e o herói de fora era aquele que caía fora, o *hippie* que ia viajar de ácido em Arembepe.

Certa vez um colega de Centro Acadêmico da Letras repetia algumas coisas que já então me pareciam chavões meio xucros. Perguntei se ele tinha lido o "Jardim de caminhos que se bifurcam" e ele respondeu: 'Sérgio, o Borges é poesia, isto aqui é política'. E o sujeito era aluno de Letras.

A esquerdona mais 'da lata' torcia o nariz para o Borges (e amava o García Márquez). O portenho era pedante, aristocrata, conservador. Gostava de ordem: mais tarde elogiaria o governo militar, e isso provavelmente lhe custou o Nobel, que certamente teria recebido.

Bom, esses eram os tempos.

E, bom, eu li "El Jardín de senderos que se bifúrcan".[4]

Foi meu primeiro contato com Borges, e que me abriu essa fresta de ar e luz. E aprendi que tudo podia ser. Cada evento de nossa vida abre possibilidades sem fim.

Para quem não leu ou não lembra, o conto se passa em 1916, às vésperas da Batalha do Somme. Um chinês, que sabemos ser agente alemão atuando na Inglaterra, foi descoberto e está fugindo em desespero. Em sua fuga visita um erudito sinólogo que lhe mostra um jardim (que teria sido idealizado por um antepassado do chinês espia). Por um momento guerra e perseguição ficam em suspenso, passamos a um plano mágico. Nesse jardim, todos os acontecimentos incluem todas as possibilidades. Em uma você pode lutar e em outra nem cruzar seu oponente. Pode se casar ou nunca ter conhecido sua esposa. Tudo são múltiplos acasos. As certezas se esvanecem, escorrem pelos dedos...

Aqui deu-se a epifania. "El Jardín" implantou uma espécie de *chip* da teoria da relatividade no meu cérebro reptiliano.

Tudo pode ser de muitos jeitos. Não há absolutos. Pense no que foi e no que poderia ter sido.

Outros traços borgianos já aparecem: citações muito detalhadas (provavel-

---

[4] "El Jardín de senderos que se bifurcan" faz parte do livro *Ficciones*. No Brasil, o título do conto foi traduzido como "O jardim de caminhos que se bifurcam".

mente fictícias) de um autor (verdadeiro, capitão Basil Liddle Hart); o narrador, em primeira pessoa, é desmentido vivamente por um 'editor' em notas de pé de página. Datas são ligeiramente alteradas. O adiamento provocado pelo chinês nunca existiu, na... verdade (?).

Borges te conduz de tal maneira, corroborado por tantas fontes e pesquisa minuciosa que você acredita. Sua magia é construir verossimilhança onde a 'verdade' é um componente secundário. Verossimilhança e dúvida. Tudo para em pé como se flutuasse no ar.

Tudo é afirmado e desmentido. Tudo é ambíguo. Em toda a sua obra, Borges te recusa certezas. Só há enigmas e labirintos.

$$***$$

Bom, agora chegou a hora da traição. Prometi que não misturaria literatura com trabalho... mas eu misturo tudo desde que me conheço por gente. Pra prejuízo irreparável dos meus fins de semana.

Dizem que certa vez Guimarães Rosa se encontrou com Clarice Lispector e fez elogios rasgados ao último livro da escritora. Clarice, constrangida: "Nossa, Rosa, eu sou uma novata e você é um mestre da nossa literatura...". E Guimarães, galante: "Mas Clarice, eu não leio você para a literatura... eu leio você para a vida".

Ou seja, com aval dos mestres, eu misturo poesia com branding, *design* com política, semântica com posicionamento, Freud com pesquisa quanti. Literatura com vida.

E nem sempre passo vergonha. Como vocês se lembram, tudo pode. Nas últimas décadas, trabalhei com Borges me assoprando respostas. Cada conto, cada fecho de história me inspirou a sentir mais, entender mais, imaginar mais. Seu realismo fantástico é uma bela de uma armadilha. Despenquei nela com gosto. Também chegou a hora do *spoiling*. Vou contar começos, meios e fins. Mas não vou solucionar mistérios. Ninguém lê Borges pela solução. A gente lê pela formulação do enigma.

Além disso, sinto dizer que promoverei reduções indignas. Textos sublimes serão submetidos a meu olhar tosco, apressado e provavelmente desatento. Sim, medo de trair a grandeza de Borges. Pior, medo de trair os efeitos dessa grandeza em mim.

Coragem, criatura.

* * *

Quem trabalha com algum tipo de manualização (tipo Manual de Identidade ou *Brand Book*) já viveu essa dúvida: o quanto detalhar, o quanto deixar à interpretação do usuário futuro?

"Del rigor en la ciencia" ajuda.[5] Em apenas um parágrafo, Borges retoma a lenda do imperador e do mapa da China: o imperador encomenda a seus cartógrafos mapas sempre maiores e mais detalhados, e só se contenta quando o mapa da China tem o exato tamanho da China, e a cada pedra ou árvore corresponde uma perfeita representação cartográfica de pedra ou árvore.

Ademais de ilustrar a incapacidade de abstração, essa busca do completo revela um certo horror à imprevisibilidade do futuro. Como se descrever cada coisa pudesse preservá-la, pétrea, imóvel para sempre. Impedir os riscos do movimento. Em resumo, conter a vida.

Borges será implacável com essa covardia preguiçosa, nos imperadores ou nos reles. Qualquer tentativa de apreender a totalidade, o absoluto, levará a perdição, loucura, esquecimento.

O tempo e os animais reduzem o mapa a frangalhos.

"Funes el memorioso" traz outro enfrentamento dessa maldição.

> *El muchacho del callejón era un tal Irineo Funes, mentado por algunas rarezas como la de no darse con nadie y la de saber siempre la hora, como un reloj.*[6]

---

[5] "Del Rigor en la ciencia" faz parte do livro *El Hacedor*. No Brasil, o título do conto foi traduzido como "Do rigor na ciência" ou "Sobre o rigor na ciência".

[6] "Funes el memorioso" faz parte do livro *Ficciones*. No Brasil, o título do conto foi traduzido como "Funes, o memorioso". Citação retirada de BORGES, Jorge Luis. *Obras completas*, p. 485.

Depois de um acidente que o deixa entrevado, Funes, um jovem do interior, é agraciado com um dom que bem pode ser um segundo aleijão. Ele se lembra de tudo. Conhece cada cachorro existente e é torturado pela ideia de que dois deles tenham o mesmo nome, ou que um deles esteja em diferentes posições às 3h11 ou às 3h15.

Onde vemos uma árvore, Funes vê e memoriza cada folha. Dá um nome a cada uma delas. (Aqui há mais uma irresistível similaridade com o *naming*, ou com o afã do mundo corporativo de nomear ou criar submarcas ou sub qualquer coisa onde elas são irrelevantes. Nós não somos 'memoriosos').

A maldição maior de Funes, além de não conseguir esquecer, é que ele não consegue entender conexões. Sua memória fica de tal modo entupida que o impede de fazer sinapses, sínteses e, em última análise, de pensar.

> *Sospecho, sin embargo, que no era muy capaz de pensar. Pensar es olvidar diferencias, es generalizar, abstraer. En el abarrotado mundo de Funes no había sino detalles.*[7]

Bem-vindo ao mundo da capacidade estratégica...

Funes morre aos 21 anos (sintomaticamente) de congestão pulmonar.

***

Outro exemplo da busca da totalidade está em "Pierre Menard, autor del Quijote."[8]

Não sei se Borges já conhecia os textos de Roman Jakobson sobre funções da linguagem; mas o conto é uma linda representação da função poética.

Pierre Menard é um erudito francês do início do século XX. Quando morre, uma tal Mme. Bachelier faz uma compilação de sua obra, que o narrador desqualifica:

> *La obra visible que ha dejado este novelista es de fácil y breve enumeración.*

---

[8] "Pierre Menard, autor del Quijote" faz parte do livro *Ficciones*. No Brasil, o título do conto foi traduzido como "Pierre Menard, autor do Quixote".

[9] BORGES, Jorge Luis. "Pierre Menard, autor del Quijote". In: *Obras completas*, p. 444.

Son por lo tanto imperdonables las omisiones y adiciones perpetradas por Madame Henri Bachelier en un catálogo falaz...[9]

Borges coleta e compara um punhado de resenhas e compilações de 'notáveis eruditos' sobre Menard (sim, vocês adivinharam, mas tudo é ficção, não?). Mas ele quer ir além de *la obra visible.* Quer a outra.

A obra invisível de Menard é que ele escreveu, no século XX, o *Don Quijote* de Cervantes. O francês reescreveu o Quixote ao longo da vida, pensando palavra por palavra, rabiscando infinitos rascunhos. Tentando rever – e talvez aperfeiçoar – cada ínfima escolha vocabular e estilística do escritor espanhol.

Cada palavra é cotejada com seus sinônimos, com uma possível metáfora ou outra figura, seus opostos, seu espelho. Ao final, ele escreve... o Quixote. Palavra por palavra coincide com o texto original. Mas é condenado ao anonimato. Ninguém reconhece seu Quixote de uma vida inteira.

É um conto sobre autorias. Quem é o autor, aquele que viveu o tempo e os dramas da obra, aquele que imaginou/ficcionou sua trama, ou aquele que foi capaz de escolher as palavras cirúrgicas e perfeitas para sua enunciação?

Aula para nossas narrativas, *storytellings* e escolhas apressadas de palavras ou platitudes surradas. Aula para as situações nas quais, resolvido um projeto, alguém quer discutir outras variáveis possíveis, e depois de algum tempo retornamos à sugestão original... Mas nós não somos Cervantes.

***

Labirintos são coisas absolutas. Em "La Casa de Astérion" e em "Abenjacán, el Bojarí, muerto en su laberinto"[10], Borges visita o tema (há quem diga que toda a sua obra é um labirinto).

Meu favorito é "Los dos reyes y los dos laberintos."[11] Um rei da Babilônia recebe um rei árabe. Para humilhá-lo (há um implícito desdém pelo visitante), lhe apresenta seu labirinto, criado por arquitetos e magos. Preso na armadilha,

---

[10] Os contos *"La Casa de Astérion"* e *"Abenjacán, el Bojarí, muerto en su laberinto"* fazem parte do livro *El Aleph*. No Brasil, os títulos dos contos foram traduzidos como *"A casa de Astérion"* e *"Abenjacán, o Bokari, morto em seu labirinto"*.
[11] *"Los dos reyes y los dos laberintos"* faz parte do livro *El Aleph*. No Brasil, o título do conto foi traduzido como "Os dois reis e os dois labirintos".

o árabe desorientado invoca Alá e consegue encontrar uma saída. Reúne seus exércitos, invade e devasta a Babilônia, prende o rei que o menosprezou. Leva o rei ao meio do deserto:

> *en Babilonia me quisiste perder en un laberinto de bronce, con muchas escaleras, puertas y muros; ahora el Poderoso ha tenido a bien que te muestre el mío, donde no hay escaleras que subir, ni puertas que forzar, ni fatigosas galerías que recorrer, ni muros que te veden el paso. Luego le desató las ligaduras y lo abandonó en mitad del desierto, donde murió de hambre y de sed. La gloria sea con aquel que no muere.*[12]

Dois enigmas a solucionar: o excesso de informação que confunde ou a ausência que desorienta e enlouquece. Quantas vezes a vida profissional já não nos impôs essa charada?

✳✳✳

Chega de tentativas absolutistas. Outro tema borgiano, o tempo e a fugacidade das coisas.

No terrível "La Escritura del Diós"[13] o narrador, Tzinacán, último mago da pirâmide asteca de Qaholom, foi aprisionado pelo conquistador Pedro de Alvarado em um profundo cárcere de pedra.

Passam-se os anos, e Tzinacán é mantido na escuridão, a grade de ferro de sua cela separando-a de outra, onde há um tigre. Uma vez ao dia, quando chegam água e comida, Tzinacán tem uma fugaz visão do vizinho tigre. Como num sonho dentro de outro sonho, o sacerdote se convence de que, na pelagem do tigre, está a escritura absoluta do deus.

> *... imaginé a mi dios confiando el mensaje a la piel viva de los jaguares, que se amarían y se engendrarían sin fin (...) Imaginé esa red de tigres, ese caliente laberinto de tigres, dando horror a los prados y a los rebaños para conservar un dibujo.*

---

[12] BORGES, Jorge Luis. "Los dos reyes y los dos laberintos". In: *Obras completas*, p. 607.
[13] "La Escritura del Diós" faz parte do livro *El Aleph*. No Brasil, o título do conto foi traduzido como "A escrita de Deus" ou "A escritura de Deus".

Dediqué largos años a aprender el orden y la configuración de las manchas. Cada ciega jornada me concedía un instante de luz, y así pude fijar en la mente las negras formas que tachaban el pelaje amarillo.[14]

Ao fim da vida, Tzinacán resolve o enigma das 14 palavras com 40 sílabas. Mas... então as coisas mudam borgianamente de sentido. Confira.

Esta é uma fábula com muitas camadas. Profissionalmente, uso o conto como metáfora da apreensão de relance, da cognição que está restrita a segundos em nossa Babel. Desenhos e mensagens que criamos merecem do observador um tempo similar ao que o tigre concede a Tzinacán.

***

Passamos parte significativa de nossas vidinhas reclamando da falta de tempo. O que faríamos se uma divindade nos oferecesse tempo, precioso e preciso, para que pudéssemos dar nosso melhor, produzir nossa obra maestra?

Em "El Milagro Secreto"[15] há essa outra dimensão do tempo.

Jaromir Hládik, um escritor judeu-tcheco, é preso pelos nazistas em março de 39, quando os alemães se espalham pela Tchecoslováquia. É julgado e condenado à morte, por fuzilamento, 'para servir de exemplo'.

Como no "Jardín de Senderos", tenta prefigurar todas as possíveis formas e circunstâncias de sua execução. Funde medo e coragem. Mas mais que tudo lastima não ter tempo de terminar a escritura de seu poema, sua grande obra-prima.

Na última noite pede a Deus mais um ano para terminar seu livro, com uma oração:

Si de algún modo existo, si no soy una de tus repeticiones y erratas, existo como autor de Los Enemigos. Para llevar a término este drama, que puede

---

[14] BORGES, Jorge Luis. "La Escritura del Diós". In: *Obras completas*, p. 596.
[15] "El Milagro Secreto" faz parte do livro *Ficciones*. No Brasil, o título do conto foi traduzido como "O milagre secreto".

justificarme y justificarte, requiero un año más. Otórgame esos días, Tú de Quien son los siglos y el tiempo.[16]

Em sonho, recebe a resposta: *"El tiempo de tu labor ha sido otorgado"*.

No instante exato, tudo paralisa. Chuva, armas, soldados. Hládik ganha seu ano (secreto). Valendo-se apenas da memória, escreve capítulos, corrige outros, acerta cada detalhe de seu texto. Termina o livro.

Em 29 de março, como previsto, soam os tiros e morre Jaromir Hládik.

***

Mais um tema borgiano: a lealdade, a traição e a verossimilhança.

"Tema del traidor y del héroe"[17], que foi ao cinema pelas mãos de Bertollucci *(A Estratégia da Aranha)* é uma fantástica visão da lealdade.

Uma facção irlandesa descobre que há um traidor entre eles; descobre tratar-se de seu líder mais popular. Ele é condenado à morte. Arrependido, se oferece para simular o próprio assassinato pelas forças britânicas. Isso levantaria a ira nacionalista e atenuaria seus crimes. Por falta de tempo, copiam-se as circunstâncias da morte de Abraham Lincoln em um teatro, repetindo detalhes sob risco de despertar suspeitas para a impostura.

Uma fábula sobre flutuação das lealdades e quais seriam as causas 'corretas' (com as quais Borges veladamente sempre implicou). Lealdades maniqueístas são uma ideia que desde cedo também me deram tremeliques. A vida está mais para degradê.

***

No maravilhoso *Emma Zunz*[18], a jovem Emma recebe a notícia da morte do pai, incerta, imprecisa. *"Parece* que foi ataque cardíaco...". O pai estava há muito tempo no Brasil, fugido, meio por vergonha, meio por culpa num caso de fraude na fábrica onde ela hoje trabalha. Emma está convencida de que o

---

[16] BORGES, Jorge Luis. "El Milagro Secreto". In: Obras completas, p. 508.

[17] "Tema del traidor y del héroe" faz parte do livro *Ficciones*. No Brasil, o título do conto foi traduzido como "Tema do traidor e do herói".

[18] "Emma Zunz" faz parte do livro *El Aleph*. No Brasil, o título do conto foi mantido igual ao do original.

pai é inocente, foi traído por seu sócio que agora comanda a fábrica; que o pai na verdade se suicidou pela dor e solidão do exílio. *Parece* ser assim.

Emma, jovem e virgem, se entrega a um marinheiro que ela sabe que deixará o porto na manhã seguinte. Escolhe um feio e bruto para que nenhuma sombra de ternura aflore. Constrói cada detalhe da própria vergonha e indignação.

No dia seguinte, um sábado, vai à fábrica, pede uma audiência a pretexto de falar da greve, apanha o revólver cujo esconderijo conhece, mata o sócio e chama as autoridades, dizendo que fora violentada. E Borges arremata com um de seus mais famosos desfechos:

> *La historia era increíble, pero se impuso a todos porque sustancialmente era cierta. Verdadero era el tono de Emma Zunz, verdadero el pudor, verdadero el odio. Verdadero también era el ultraje que había padecido; solo eran falsas las circunstancias, la hora y uno o dos nombres propios.*[19]

Penso nesse conto sempre que meus sentimentos exaltados – ira, paixão, certezas – tentam tomar conta de mim. Tudo pode ser olhado por outro ângulo, denominações podem trocar de lugar, emoções podem ser esculpidas até virarem coisa.

Eu poderia falar de mais dezenas de contos. Mitológicos como "El Inmortal", 'gauchos criollos' como "El Sur", "El Indigno", "La Intrusa" e "Hombre de la esquina rosada", ou todo o livro *Historia Universal de la Infamia*, biografias de malfeitores que Borges finge desaprovar, mas pelos quais nutre imenso fascínio.

Mas chega.

Borges mudou meu lugar no mundo, me fez sentir vergonhinha sempre que meu pensamento cedia à preguiça, aos maniqueísmos. Me fez amar a prosa poética, a palavra exata, a provocação labiríntica. Me lembrou que no mundo existe mais e mais e que a humanidade é um doce enigma. Me empurrou para a pesquisa,

---

[19] BORGES, Jorge Luis. "Emma Zunz". In: *Obras completas*, p. 564.

para a dúvida, para o prazer da descoberta, sempre fugaz. Viva a ambiguidade. Tratem de ler o moço porque é pura viagem. E prestem atenção nos arremates, sempre de uma poesia entorpecente. Como o final de um dos 'infames', "El Proveedor de Iniquidades Monk Eastman."[20]

Eastman é um facínora sanguinário, chefe de uma gangue criminosa da Nova York do início do século. Fugindo da lei, alista-se e vai à Europa na Primeira Guerra cometer atrocidades. De volta aos Estados Unidos:

> *El 25 de diciembre de 1920 el cuerpo de Monk Eastman amaneció en una de las calles centrales de Nueva York. Había recibido cinco balazos. Desconocedor feliz de la muerte, un gato de lo más ordinario lo rondaba con cierta perplejidad.[21]*

Me fala se isso não é lindo.

Livros citados
BORGES, Jorge Luis, *Obras Completas*, Volúmenes I, II y III. Buenos Aires: María Kodama y Emecé Editores, 1974, 1989.[22]

---

[20] "El Proveedor de Iniquidades Monk Eastman" faz parte do livro *Historia Universal de la Infamia*. No Brasil, o título do conto foi traduzido como "O provedor de iniquidades Monk Eastman".

[21] BORGES, Jorge Luis. "El Proveedor de Iniquidades Monk Eastman". In: *Obras completas*, p. 311.

[22] Todos os contos e citações vieram da maior compilação de Borges, *Obras Completas*, em 3 volumes.

O espalhador de flores

Por Silvana Rossetti Faleiro

Era um dia quente de um caloroso janeiro de 1999 quando adquiri o verde livro *O menino do dedo verde*[1]. Escolhi pelo título: tinha um visual instigador para a mãe de três meninas. Os complementos da capa igualmente me interessaram: a imagem, desenhada por Marie Louise Nery; a autoria, do francês Maurice Druon, membro da Academia Francesa; a tradução, de Marcos Barbosa; e o informe – 62ª edição.

A partir da leitura do livro, em nossa casa se iniciou o curioso e interessante processo de conhecer e adotar a linguagem verde. E isto foi uma invencionice nossa mesmo. Afinal, não é sabido que exista uma Linguagem *Dedo Verde*.

Tistu, o personagem-chave da publicação, é um *Dedo Verde*. Vive na Casa-que--Brilha, com o Sr. Papai e a Dona Mamãe, o Pônei Ginástico e outras pessoas. E há um jardineiro, o Sr. Bigode, que viria a ser o amigo grande do miúdo.

O alcance da obra em minha alma foi similar à de *O Pequeno Príncipe*, de Exupéry[2]: fundo e para sempre até este momento, e a história tocou do mesmo modo a minha família nuclear. Minhas filhas passaram por todas as fases etárias ouvindo e estabelecendo as próprias relações com o texto potente de Druon.

***

A narrativa aparece como um... jardim! É um texto ficcional, que conta sobre Tistu e seu modo nada convencional de estar no mundo.

O garoto cresce em meio aos brilhos da ostensiva Casa-que-Brilha, com o amor das pessoas que o cercam – a família em si e os senhores e senhoras que nela trabalham, assim como dos habitantes da cidade de Mirapólvora.

Quando notamos, surge um jardim e um jardineiro, protagonistas com Tistu. E, de súbito, acontece uma aula de jardim, ministrada pelo jardineiro Bigode! Foi este senhor que constatou e declarou para Tistu: *"Você tem polegar verde...".*

> *– E para que serve isto de polegar verde?*
> *– Ah! É uma qualidade maravilhosa – respondeu o jardineiro. – Um verda-*

---

[1] DRUON, Maurice. *O menino do dedo verde.* O livro foi escrito em 1957: *Tistou les pouces verts.*

[2] Datado de abril de 1943, *Le petit prince* foi escrito durante o correr da Segunda Guerra Mundial, enquanto o autor, Antoine de Saint-Exupéry, estava exilado nos Estados Unidos.

deiro dom do céu! Você sabe: há sementes por toda parte. Não só no chão, mas no telhado das casas, no parapeito das janelas, nas calçadas das ruas, nas cercas e nos muros. Milhares e milhares de sementes que não servem para nada. Estão ali esperando que um vento as carregue para um jardim ou para um campo. Muitas vezes elas morrem entre duas pedras, sem ter podido se transformar em flor. Mas, se um polegar verde encosta numa, esteja onde estiver, a flor brota no mesmo instante. Aliás, a prova está aí, diante de você! Seu polegar encontrou na terra sementes de begônia, e olhe o resultado![3]

Considerando esta abordagem, percebo o escritor extrapolando as margens do texto para alcançar, como um voo, o leitor de todas as idades, encontrando eco entre pessoas com aguçada sensibilidade e receptivas à crítica social. O enfoque escolhido inclui um aspecto importante, que acompanha a humanidade no correr do tempo cronológico e histórico: a eclosão de conflitos armados. Nesse sentido, sobressai com clareza o viés autobiográfico do autor, posicionado contrariamente à chamada corrida armamentista que caracterizou o período pós-Segunda Guerra Mundial.

De todo modo, é mais fácil entender isso tudo conhecendo alguns detalhes da vida de Maurice Druon. Conforme consta na edição de 1998[4], ele esteve presente junto às Forças Francesas de Libertação, no contexto antitotalitarista da Segunda Guerra Mundial, tendo recebido a função de correspondente de guerra na Alemanha e Holanda.

Isso explica muita coisa!

***

O modo como nos enlaçamos com Tistu foi imediato e intenso, a partir da primeira leitura que fizemos, durante uma estadia na praia de Garopaba naquele janeiro de 1999. A influência da narrativa foi tão forte que, ao longo dos anos, algumas frases começaram a fazer parte das conversas em casa, ou punham fim a alguma discussão: "Seja um pouco Tistu!"; "(...) Ao modo Tistu, por favor"; "Isso não é coisa de uma *Dedo Verde*!"; "Dedo Verde é outra coisa! Não é para

---

[3] DRUON, Maurice. *O menino do dedo verde.* p. 39.
[4] P. Vii, no item Dados Bibliográficos.

qualquer um, ou se é ou não se é!"; "Dessa casa saem *Dedos Verdes* mundo afora".

No final de 2008, eis a mensagem entregue em nossa casa a quem entrava para celebrar o Natal: "Todos de *Dedo Verde* em 2009! O mundo com muuuuuuuuuito brilho! Bom Natal".

Destes jeitos se foi consolidando nosso modo Tistu de estar no mundo.

***

Escapando fácil aos comportamentos esperados na cidade onde mora, Mirapólvora, Tistu destoa do pensamento comum. Por não os compreender, não vê significado nos esquemas que lhe são apresentados e aos quais precisa se adequar. Ao entender o que o cerca, faz intriga, reage. Em silêncio ensurdecedor, aciona mecanismos de desmonte de estruturas (mentais ou sociais, políticas, econômicas, culturais) através do polegar verde. Ou seja: suspirando de tédio, dorme na sala de aula, indaga acerca da prisão, do hospital, da pobreza e da conformação da favela. E reage com flores!

A seguir, fica-se sabendo que, ao não atribuir valor ao canhão, à pólvora, ao fabrico de armas na fábrica do Sr. Papai, o menino Tistu arquiteta um desfecho diferente para o conflito em curso entre os Voulás e os Vaitimboras. Ambas as nações compram armas da fábrica do Sr. Papai, mas isso não abala a criança. Ao contrário, impulsiona e inspira.

Para contar essa história, Druon recorre a uma linguagem incrível, com paisagens ocupadas em excesso por flores!

O autor faz o personagem encontrar soluções no modo como se arquitetam os planos na cidade, de como são gestados, gerenciados e mantidos os negócios, a geopolítica mundial, as relações entre os povos e entre as pessoas do lugar – Mirapólvora. Desde o planeta e até sua célula menorzinha, a família. A nomenclatura dos lugares é bom exemplo. Sem rodeios: Mirapólvora, Miraflores, Voulás, Vaitimboras. E, como há um jardineiro, Tistu aprende a ser um *Dedo Verde* com o jardineiro!

Para mim, é simples compreender por que, a partir da leitura de *O menino do dedo verde*, não larguei mais alegorias com jardins e coisas correlatas. Na verdade, passei a ter um comportamento compulsivo em relação ao que leio. A cada autor vasculhado, espero o instante em que serão mencionadas as flores.

Pensar em jardins de dentro, por exemplo, não é algo clichê. Quando se está à procura, é fácil encontrar nomes consolidados em diferentes áreas do conhecimento que reflitam e produzam escritos nesta perspectiva.

Foi insistindo nisso que esbarrei com uns ditos incríveis de Rubem Alves:

> *Todo jardim começa com um sonho de amor.*
> *Antes que qualquer árvore seja plantada*
> *ou qualquer lago seja construído,*
> *é preciso que as árvores e os lagos*
> *tenham nascido dentro da alma.*
> *Quem não tem jardins por dentro,*
> *não planta jardins por fora*
> *e nem passeia por eles...*[5]

A relação com a temática Dedo Verde foi imediata. O modo suave e enérgico das afirmações confere força extraordinária à metáfora: "quem não tem jardins por dentro, não planta jardins por fora" e tampouco passeia neles.

Em outro escrito, o autor indaga e afirma:

> *O que é que se encontra no início? O jardim ou o jardineiro? É o jardineiro.*
> *Havendo um jardineiro, mais cedo ou mais tarde um jardim aparecerá. Mas,*
> *havendo um jardim sem jardineiro, mais cedo ou mais tarde ele desapare-*
> *cerá. O que é um jardineiro? Uma pessoa cujo pensamento está cheio de*
> *jardins. O que faz um jardim são os pensamentos do jardineiro. O que faz*
> *um povo são os pensamentos daqueles que o compõem.*[6]

No mesmo encadeamento de Rubem Alves, foi igualmente significativo quando do o poema *Jardim interior*, de Mário Quintana, rolou frente aos meus olhos igual cachoeira:

[5 e 6] ALVES, Rubem. *Entre a ciência e a sapiência: o dilema da educação.* p. 24

Todos os jardins deviam ser fechados,
com altos muros de um cinza muito pálido,
onde uma fonte
pudesse cantar
sozinha
entre o vermelho dos cravos.
O que mata um jardim não é mesmo
alguma ausência
nem o abandono...
O que mata um jardim é esse olhar vazio
de quem por eles passa indiferente.[7]

O que me atraiu nos textos de Quintana e Alves foram as referências a metáforas envolvendo o jardim. E, para dar conta delas, exauri as possibilidades de análise. Cansei os versos de tanto indagá-los. Amassei, segurei tão forte que aprisionei as palavras. E disse – com os versos e escritos à mão, para que não se metessem a fugir por entre os dedos, por entre o teclado – sobre a importância de se olhar e VER. Porque se pode estar a olhar sem, exatamente, VER.

Podemos escolher olhar e VER. Nesse caso, a alma é atenta e alcança o véu do olhar. Convence-o a ser cuidadoso com aquilo que vê e a não perder de vista os jardins de fora, para poderem ser pensados e cultivados os jardins de dentro. E vice-versa.

Com esse raciocínio bom, passei a ser laboratório de mim mesma e nunca mais parei de pensar tais questões. Saí a registrar flores encontradas nos caminhos. Comecei a delimitar, por exemplo, em um trajeto com vinte de meus passos, em três metros quadrados quantas flores encontraria?

O primeiro olhar – desavisado porque treinado para ver as flores dispostas em vasos e canteiros alinhados, perfeitos, podados e gorduchos de água e terra –, o primeiro olhar alertava: volta, não há NADA. Por outro lado, os ditos de Mário Quintana, Rubem Alves e Tistu gritavam: segue, cuida, desce o olhar, corre o olhar, há muito por aí!

---

[7] QUINTANA, Mário. A cor do invisível.

E assim eu ia, com espanto e com um sorriso saindo fácil a cada flor "descoberta". Tons azulados, amarelados, alaranjados, lilases, avermelhados, rosados, esverdeados, brancos – essas cores preponderavam. Um jardim a cada metro quadrado!

Em consequência dessa prática, iniciei a disseminar a ideia da existência de jardins informais. Aqueles que estão por aí em tempo contínuo, durante o seguir desenfreado e apressado das pessoas por entre as estações. E também passei a cultivar com mais afinco a ideia dos jardins de dentro, de tanto acarinhar e valorar os jardins de fora.

Com a mesma dedicação, continuei enfática na busca de auxílios para dizer sobre a urgência do cultivo de jardins de dentro e de fora, e de encher os vasos e encharcar a vida com o húmus das ideias em flor.

Olhar para ver surpreende. Acarinha a alma. Acalma a caminhada. Em vendo, surpreender a vida? Não! Acrescentar à vida uma beleza nada escondida. Apenas não revelada à primeira vista. Sim, eu já parei o pé, o olhar, o almoço; parei a palavra, o carro, o instante, para registrar na alma uma flor.

***

No poema "O guardador de rebanhos", Fernando Pessoa bradou: *"que triste não saber florir"*. Estava dizendo sobre o ofício do poeta:

> *Que triste não saber florir!*
> *Ter que pôr verso sobre verso, como quem constrói um muro*
> *E ver se está bem, e tirar se não está!...*
> *Quando a única casa artística é a Terra toda*
> *Que varia e está sempre bem e é sempre a mesma*[8]

Em outros versos, de "O pastor amoroso", o autor nos atira outro trecho:

> *Vai alta no céu a lua da Primavera*
> *(...)*

---

[8] PESSOA, Fernando. *Os melhores poemas de Fernando Pessoa.* p. 160.
[9] Idem, p. 168.

Amanhã virás, andarás comigo a colher flores pelo campo,
E eu andarei contigo pelos campos ver-te colher flores.
Eu já te vejo amanhã a colher flores comigo pelos campos,
Pois quando vieres amanhã e andares comigo no campo a colher flores,
Isso será uma alegria para mim.[9]

Em *As intermitências da morte*, Saramago apresenta a morte como protagonista da narrativa. Num repente se passou a não mais morrer na cidade[10]. O que para muitos se tornou problema, para outros foi dádiva. *"Questão de ponto de vista, eminência! (...) oásis, um jardim"*[11], diz o senhor primeiro-ministro na trama do autor. A condição de não morrer significando um jardim!

Assim como Saramago e Fernando Pessoa, tantos outros autores podem ser mencionados. *"Lembre de mim como uma flor"*, diz o fotógrafo Jeremiah de Saint-Amour no livro *O amor nos tempos do Cólera,* de García Márquez[12]. Às vezes, é preciso ouvir a coisa aparentemente mais simples que já se ouviu. Quando eu for para fora deste mundo, lembre de mim como uma flor.

Entretanto, para fazer isso, é preciso saber sobre o multifacetado mundo da flor: floração, florar, floreado, flora, florir, floreio, florida, enflorar, florindo, florescer, floreira, desabrochar, enfeitar – jardim: jardineiro, ajardinar, regar, cuidar, podar, adubar – primavera: beleza, colorido, cheiroso, campo.

Eu quero uma casa no campo
Onde eu possa ficar no tamanho da paz
E tenha somente a certeza
Dos limites do corpo e nada mais
Eu quero carneiros e cabras pastando solenes
No meu jardim.[13]

É o que se lê na composição *Casa no campo*, gravada pela primeira vez por Elis Regina em 1971. Ou seja: eu escolho o que deve estar, passar e passear

---

[10] A cidade não tem nome na trama de Saramago.

[11] SARAMAGO, José. *As intermitências da morte*. p. 20.

[12] MÁRQUEZ, Gabriel García. *O amor nos tempos do cólera*. p. 25.

[13] Trecho da canção *Casa no campo*, composta por José Rodrigues Trindade – Zé Rodrix e Luiz Otávio de Melo Carvalho – Tavito, em 1971.

em meu jardim. Na mesma perspectiva há também Geraldo Vandré, que bem poderia ter lido O *menino do dedo verde*, porque escreve "(...) *e acreditam nas flores vencendo o canhão"*.

> *Vem, vamos embora que esperar não é saber*
> *Quem sabe faz a hora não espera acontecer*
> *Pelos campos há fome em grandes plantações*
> *Pelas ruas marchando indecisos cordões*
> *Ainda fazem da flor seu mais forte refrão*
> *E acreditam nas flores vencendo o canhão.*[14]

Pra não dizer que não falei das flores é o nome da canção, rabiscada para proclamar a ideia de resistência à ditadura civil-militar do Brasil, iniciada em março de 1964.

***

E assim vou alinhavando ideias em torno da temática, a perder de vista. E me surpreendendo com como é possível expressar posições, palpites, sentimentos fazendo uso da terminologia flor, jardim e palavras correlatas. Como fez o compositor Vander Lee (2005), cujos versos remetem à necessidade de cada pessoa cuidar de si como se fosse uma flor pertencente a um jardim. Um cuidado meticuloso, individual, autônomo e carregado de responsabilidade. Ele diz:

> *(...) Tô revendo minha vida, minha luta, meus valores*
> *Refazendo minhas forças, minhas fontes, meus favores*
> *Tô regando minhas folhas, minhas faces, minhas flores*
> *Escrevendo minhas cartas, meu começo, meu caminho*
> *Estou podando meu jardim*
> *Estou cuidando bem de mim.*[15]

E, mesmo sem fazer referência alguma a flores em sua rápida escrita, recordo o poema de Carlos Drummond de Andrade, que sugere as mesmas com alarde.

---

[14] Trecho da canção *Pra não dizer que não falei das flores*, composta por Geraldo Vandré em 1968.

[15] Trecho da canção *Meu Jardim*, composta por Vander Lee em 2005.

No meio do caminho tinha uma pedra, tinha uma pedra no meio do caminho
Tinha uma pedra, no meio do caminho tinha uma pedra, nunca me esquece-
rei desse acontecimento
Na vida de minhas retinas tão fatigadas
Nunca me esquecerei que no meio do caminho tinha uma pedra.[16]

Porém, ocorre sempre de haver a possibilidade da flor.

Livros citados

ALVES, Rubem. *Entre a ciência e a sapiência: o dilema da educação.* São Paulo: Loyola, 1999.

ANDRADE, Carlos Drummond. *Antologia poética.* Petrópolis: Vozes, 1979.

DRUON, Maurice. *O menino do dedo verde.* Tradução de Marcos Barbosa. Rio de Janeiro: José Olympio, 1998.

MÁRQUEZ, Gabriel García. *O amor nos tempos do cólera.* Tradução de Antonio Callado. Rio de Janeiro: Record, 1997.

PESSOA, Fernando. *Os melhores poemas de Fernando Pessoa.* Seleção de Teresa Rita Lopes. São Paulo: Global Editora, 1988.

QUINTANA, Mário. *A cor do invisível.* Rio de Janeiro: Alfaguara, 2012.

SARAMAGO, José. *As intermitências da morte.* São Paulo: Companhia das Letras, 2005.

SAINT-EXUPÉRY, Antoine de. *O pequeno príncipe.* 31. ed. Rio de Janeiro: Agir, 1987.

---

[16] ANDRADE, Carlos Drummond. *Antologia poética.* p. 186. O poema foi publicado originalmente na *Revista de Antropofagia.* São Paulo: [s. n.], 1928-1929.

Os autores

Ana Luisa Negreiros nasceu em São Paulo, na Avenida Paulista. Foi bailarina, jogadora de vôlei e atualmente ensaia vida de tenista e boxeadora (como terapia). É formada em Marketing pela ESPM, tem MBA pela Universidade de Madrid, especialização em Branding pela Northwestern University de Chicago e, depois de atuar como diretora na TroianoBranding, fundou a Branding Aurora, consultoria de marcas para empreendedores. Casada com um belga, hoje seu parceiro também na vida profissional. São sócios-gestores de um hotel na Provence, o Domaine La Pierre Blanche, além de fundadores da Heart of Host, consultoria para o setor de Hospitalidade e Gastronomia. São pais de um cachorro malandro e adorável; e de uma filha, também malandra e adorável.

Anna Russo é graduada em Comunicação pela Escola de Comunicações e Artes da Universidade de São Paulo (ECA-USP). Cursou especialização em Marketing para Serviços na Cranfield School of Marketing, na Inglaterra, e formou-se psicanalista pelo Centro de Estudos Psicanalíticos. É autora dos livros de poesia *Domingo à tarde* (Editora Massao Ohno, 1988); *Lua Descabida* (Editora Massao Ohno, 1992) e *Poemas Encantados* (edição da autora, 2018).

Aristóteles Nogueira Filho nasceu em Minas Gerais na década de 1980. Atualmente reside em São Paulo, mas já morou em todos os estados do Sudeste e na França. Estudou Engenharia na Unicamp, porém construiu sua carreira em finanças. Desde 2021, é conselheiro do Instituto Ponte, em Vitória (ES), que auxilia alunos de baixa renda a terem ascensão social por meio da educação. Gosta de conhecer novas pessoas e debater ideias, de preferência no conforto do seu lar.

Camile Bertolini Di Giglio é formada em Administração de Empresas pela Universidade Federal do Rio Grande do Sul (UFRGS), possui MBA em Gestão Empresarial pela Escola Superior de Propaganda e Marketing (ESPM) e MBA em Branding & Business pela Univates. É filha, esposa e mãe dedicada, além de sócia e diretora de uma empresa familiar que em 2021 comemorou 55 anos de fundação. Parte da 3ª geração da Gota Limpa Produtos de Limpeza, ela atua como conselheira tanto do negócio da família quanto de outras empresas. Também é conselheira na Fundação Univates e no Fundo Amanhã, fundo de *endowment* dos ex-alunos da Escola de Administração da UFRGS. Amante do empreendedorismo e do cooperativismo, procura atuar na comunidade em busca do crescimento colaborativo.

Cecília Russo Troiano é psicóloga pela PUC-SP, com especialização em Psicologia Analítica e Abordagem Corporal pelo Sedes Sapientiae e mestrado em Women´s Gender and Sexuality Studies pela Georgia State University, Estados Unidos. É sócia da TroianoBranding, empresa dedicada a estudos de comportamento do consumidor e gestão de marcas e ainda mantém o consultório de psicologia. É autora de três livros voltados ao universo feminino: *Vida de Equilibrista – Dores e delícias da mãe que trabalha* (Cultrix, 2007), *Aprendiz de Equilibrista – Como ensinar os filhos a conciliar família e trabalho* (Évora, 2011) e *Garotas Equilibristas: o projeto de felicidade das jovens que estão entrando no mercado de trabalho* (Pólen, 2017). Atua como colunista da Revista *Pais & Filhos* e da Rádio CBN, onde participa do programa semanal "Sua marca vai ser um sucesso", com Jaime Troiano e Milton Jung. É casada com Jaime há mais de 30 anos, com quem tem dois filhos, Beatriz e Gabriel.

Dafne Cantoia tem 28 anos, é relações-públicas formada pela Faculdade Cásper Líbero e trabalha como pesquisadora na área de Branding e Consumer Insights. É fissurada por cultura *pop* e usuária assídua das redes sociais – está sempre por dentro dos assuntos mais comentados do dia. Adora música, e escuta de tudo: de Metal a MPB. Ama ler desde que aprendeu, e considera seu Kindle uma de suas posses mais preciosas. Também curte demais ver filmes e séries, além de sempre achar espaço para dedicar horas livres à sua paixão de infância: montar quebra-cabeças. É primeira filha e irmã mais velha de duas meninas. Divide a vida e a casa com seus garotos preferidos: o companheiro e Rocky, seu cachorrinho.

Eduardo Araujo é formado em Desenho Industrial com ênfase em Projeto de Produtos, na Universidade Presbiteriana Mackenzie. Como *designer*, sempre gostou de estudar semiótica e *gestalt* para entender os aspectos emocionais que podem ser passados através das formas. Essa foi sua deixa para estudar mais sobre comportamento de consumo até encontrar e se apaixonar por Branding, entendendo que o *design* era a ponta final de uma estratégia maior. Hoje, divide seu tempo entre projetos para grandes marcas como *head* de estratégia e *design* na TroianoBranding, sua família – que aumentou em março de 2021 com a chegada da Manuela – e seu grande *hobby*, montar Lego, paixão que carrega desde criança.

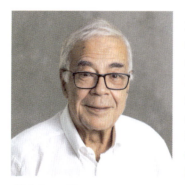
Elie Politi nasceu em Alexandria, Egito, em uma família judia que emigrou para o Brasil quando ele estava com 13 anos, e é naturalizado brasileiro. Sua língua materna é o francês. Engenheiro químico formado pela Escola de Engenharia Mauá, com especializações no exterior. Também fez licenciatura em Química (Faculdade Oswaldo Cruz) e Cinema (Escola de Comunicações e Artes da USP). Escreveu quatro livros de Química, publicados pela Editora Moderna. Dirigiu os filmes em curta-metragem *Visão Paulista*, *O fim* e *Menotti* e foi professor de História do Cinema. Trabalhou na indústria têxtil, química e siderúrgica. Coordenou projetos internacionais na área ambiental, sendo responsável pelo Núcleo Ambiental do Senai-SP. Foi professor do curso de pós-graduação em Gestão Ambiental da FAAP e do Senac-SP, palestrante e consultor nesta área. Aposentado, tem dois gatos, curte viajar, ir a concertos, teatros e cinemas.

 **Elizete de Azevedo Kreutz** é graduada em Letras – Português/Inglês e especialista em Língua Inglesa e Literaturas Americana e Inglesa pela Univates/RS. É doutora e mestra em Comunicação Social pela PUC-RS. Sua condição de eterna aluna a mantém em constante estudos, realizando seus pós-doutorados no Brasil pela UnB, na Inglaterra pela University West of London, na Espanha pela Universidad de Alicante e no Chile pela PUC, sempre com temas que envolvem as marcas, em especial as Marcas Mutantes. Por mais de duas décadas, foi professora-pesquisadora e coordenadora de cursos da Univates-RS e é docente convidada em outras instituições nacionais e internacionais. É diretora da Marcas Mutantes Consultoria e membro fundador e presidente do Observatório de Marcas.

 **Fabio Humberg** é um generalista, com múltiplos interesses e experiência profissional diversificada (mas complementar): consultor de comunicação e linguagem, gestor de conteúdo, editor de livros, professor de redação corporativa, empreendedor e executivo. É sócio-diretor da Editora CL-A Cultural, que publica livros nas áreas de investimentos e de métodos adequados de solução de conflitos, assim como títulos voltados para a orientação profissional, o aperfeiçoamento pessoal e o autoconhecimento. É também diretor de Comunicação e Relações Institucionais da Abrafati – Associação Brasileira dos Fabricantes de Tintas, entidade e setor aos quais se dedica há mais de duas décadas. Graduou-se em Letras pela Universidade de São Paulo e fez – e continua fazendo – cursos variados nas áreas de ciências humanas e econômicas, de comunicação e negócios, seguindo a sua curiosidade intelectual e o conceito de educação continuada, que também o tornam um leitor inveterado.

Giulia Salvatore cursa Comunicação Social com licenciatura em Rádio TV e Internet e se deu conta de que o mercado audiovisual abre um horizonte extremamente plural aos profissionais dispostos a explorá-lo. Com essa mentalidade, iniciou sua carreira pelo cinema em um curso ministrado na cidade de Florença, na Itália. Quando retornou ao Brasil, entrou na Maria Farinha Filmes, onde teve a oportunidade de participar do processo de produção de obras com grande impacto social. Atualmente explora outros territórios na área de Branding. Começou em abril de 2021 como estagiária de projetos na TroianoBranding e, no final do mesmo ano, se tornou assistente de projetos. Falando em explorar, essa é uma de suas maiores paixões: viajar e conhecer a fundo novas pessoas e culturas para além de seus horizontes.

Jacqueline de Bessa é mineira, nascida em 1978. É publicitária formada pela Escola de Comunicações e Artes da Universidade de São Paulo. Possui MBA em Gestão Empresarial pela FIA Business School. Numa carreira de quase 25 anos, já trabalhou em diferentes áreas de comunicação e marketing: marketing direto, CRM, propaganda, promoção, incentivo, eventos, pesquisa e Branding, onde atua hoje em dia. Adora ler livros de papel, mas se ressente por perder muito tempo nas telas do celular. É apaixonada por gastronomia e pelo kung fu, que pratica há alguns anos.

Jaime Troiano é engenheiro químico formado pela Faculdade de Engenharia Industrial (FEI) e sociólogo formado pela Universidade de São Paulo (USP). Já foi VP de Planejamento de Comunicação e Consumer Insights na Young & Rubicam e também na MPM-Lintas e BBDO, responsável por essa área no Brasil e na América Latina. É autor de vários livros: *As marcas no divã* (Globo, 2009); *Brandintelligence* (Letras e Cores, 2017) ; *Qual é o seu Propósito?* (CL-A, 2019) e *Ecos na Pandemia* (CL-A, 2021). Como colunista, publicou dezenas de artigos sobre comportamento de consumidor e Branding em veículos da imprensa nacional. Professor e palestrante, fundou a TroianoBranding em 1993, empresa pioneira no Brasil em gestão de marcas.

Juliana Balan é formada em Comunicação Social: Rádio, TV e Internet pela Universidade Anhembi Morumbi, além da formação paralela em Fotografia pelo Senac e cursos diversos de Ilustração, Design Gráfico e Audiovisual. Sempre foi aficionada por artes e comunicação. Já trabalhou como *Streamer* de Jogos pelo canal da Twitch, gerencia suas redes sociais como nanoinfluenciadora e criadora de conteúdo, e trabalha como *designer* e *social media*. É apaixonada por animais, tem um cachorrinho salsicha que é sua companhia diária e seu melhor amigo, o Ban. Nas horas vagas, passa a maior parte do tempo entre suas duas paixões, jogos e arte. Produz ilustrações, esculturas de argila e artes gráficas com ênfase em colagem digital.

Luis Felipe Cortoni é paulistano. Atua desde 1986 como consultor de comportamento humano e de saúde mental nas empresas. É professor do Insper na área de Educação Executiva. Psicólogo, casado há quase quatro décadas com uma psicóloga, tem duas filhas e, até a publicação deste livro, uma neta. Amante e colecionador de CDs de jazz, também é louco por carros antigos e pela pescaria esportiva.

Maggi Krause é gaúcha de nascimento e paulistana de criação. Jornalista formada pela Escola de Comunicação e Artes da USP, cursou especialização em Design Gráfico no Instituto Lorenzo de Médici, em Florença. Por quase 20 anos, atuou como repórter, editora e diretora em revistas e *sites* da Editora Abril; produziu conteúdos de livros de decoração, arquitetura, comportamento, branding, sustentabilidade e cultura da infância. A partir de 2011, especializou-se como jornalista de educação, liderando e colaborando com projetos editoriais para institutos e fundações dessa área. Poliglota, adora viagens, passeios a museus e trilhas na natureza. É 'mãe equilibrista' e orgulhosa de dois filhos atletas, estudantes dedicados entre Ensino Médio e faculdade. Sua mais notável parceria é o namorado, um grisalho muito boa praça que topou ser seu marido há 25 anos.

Marina Fuess Nishimura é administradora formada pela Faculdade de Economia e Administração da USP. Possui Master Degree em Marketing Management pela Tilburg University (Países Baixos). Com mais de 1.000 horas em cursos e formações de yoga, dá aulas de Hatha Yoga, Yoga restaurativo, Fly Yoga, Vinyasa Yoga ou, como gosta de dizer, só Yoga mesmo. Como boa *millennial*, busca propósito e flexibilidade em sua vida, é vegetariana, louca por plantas e vive em São Paulo com dois cachorros e três gatos, nomeados a partir de seus personagens favoritos, como Godofredo (Castelo Rá Tim Bum) e Mafalda (Quino).

Michaela Ergas é publicitária, formada pela FAAP (Fundação Armando Álvares Penteado) e cantora, com um EP e alguns *singles* publicados no Spotify, todos autorais, escritos por ela. Apaixonada por música e pelo universo holístico (fez alguns cursos sobre o assunto), está sempre conectada com os dois temas, seja através de livros ou de documentários. Além disso, é muito romântica e gosta de escrever músicas, poemas e textos sobre o amor.

Patricia Valério é jornalista formada pela Faculdade Cásper Líbero e psicanalista em formação pelo Instituto Sedes Sapientiae. Possui um Master Degree em Questões de Gênero e Cultura pelo Departamento de Sociologia da Goldsmiths, University of London. Apaixonada por literatura brasileira, também cursou três anos de Letras e, sempre que pode, volta aos textos de Clarice Lispector e Guimarães Rosa ou aos poemas de Manuel Bandeira. Por mais de dez anos, liderou projetos de comunicação, pesquisa e desenvolvimento de marcas junto a empresas brasileiras e internacionais. Hoje, atua como psicanalista em consultório particular. É mãe da Teresa, que nasceu em abril de 2021.

Robson Viturino é jornalista, psicanalista e escritor. É autor do romance *Do Outro Lado do Rio* (Editora Nós), finalista do Prêmio São Paulo de Literatura, um dos mais importantes da ficção brasileira. Também escreve ensaios, artigos e reportagens sobre cultura, literatura, economia e psicanálise. Em 2013, recebeu o Grande Prêmio de Reportagem da Editora Globo por uma matéria que antecipava a queda do empresário Eike Batista. Seus trabalhos já foram citados em publicações como *The Economist* e *Financial Times*. Em 2022, trabalha em seu primeiro livro de não ficção, a ser publicado pela editora Companhia das Letras.

Sérgio Guardado é formado em Letras Modernas pela USP e fez pós-graduação em Teoria Literária na Unicamp. Por mais de 30 anos, foi sócio-diretor e diretor de projetos na Seragini Farné Guardado, empresa de Branding e Design. Desde 2011, dirige a Sutil Branding, especializada em pesquisa e projetos de marca. Foi professor de Design e Branding em cursos de pós-graduação da ESPM, das Faculdades Rio Branco e da Universidade Positivo. Marido da Marta, pai da Luísa e do Paulo Emílio, avô da Sofia. Fundamentalmente, toca violão.

Silvana Rossetti Faleiro é historiadora e escritora. Vive em Lajeado (RS). Doutora em História, atuou como professora adjunta do Curso de História e da Área de Humanidades da Universidade do Vale do Taquari – Univates, entre os anos 2000 e 2020. Tem livros publicados nos campos de História, Educação e literatura (poesias e contos). É associada do Instituto Histórico e Geográfico do Vale do Taquari (IHGVT) e, desde 2017, ocupa uma cadeira na Academia Literária do Vale do Taquari (Alivat). Espalha sua paixão pela natureza, por plantas e flores e todos os significados que o crescimento delas carrega. É uma andarilha contente, nesta vida linda **e** louca! Divide o dia a dia com Flávio, para sempre, e é mãe de Pâmela, Dalana e Tábata, suas Dedos Verdes.

Dados Internacionais de Catalogação na Publicação (CIP)
(Câmara Brasileira do Livro, SP, Brasil)

Leio, logo existo. -- 1. ed. -- São Paulo, SP :
Editora CL-A Cultural, 2022.

Vários autores.
ISBN 978-65-87953-41-0

1. Artigos-Coletâneas 2. Leitores 3. Literatura
4. Livros e leitura. 5. Relatos.

22-127322

CDD-B869.9

Índices para catálogo sistemático:

1. Artigos : Coletâneas : Literatura brasileira
   B869.9

Eliete Marques da Silva - Bibliotecária - CRB-8/9380